假行家足球指南

[英]马克·梅森 著

傅笑千 译

上海科学技术文献出版社

图书在版编目（CIP）数据

假行家足球指南 /（英）马克·梅森著；傅笑千译 . —上海：上海科学技术文献出版社，2021
 ISBN 978-7-5439-8260-4

Ⅰ. ①假… Ⅱ. ①马… ②傅… Ⅲ. ①足球运动—通俗读物 Ⅳ. ① G843-49

中国版本图书馆 CIP 数据核字（2021）第 006195 号

Originally published in English by Haynes Publishing under the title:
The Bluffer's Guide to Football written by Mark Mason © Mark Mason 2018

Copyright in the Chinese language translation
(Simplified character rights only) ©
2021 Shanghai Scientific & Technological Literature Press
All Rights Reserved
版权所有，翻印必究
图字：09-2019-499

策划编辑：	张　树	责任编辑：	黄婉清
封面设计：	留白文化	版式设计：	方　明
插　　图：	方梦涵		

假行家足球指南
JIAHANGJIA ZUQIU ZHINAN
[英] 马克·梅森　著　傅笑千　译
出版发行：上海科学技术文献出版社
地　　址：上海市长乐路 746 号
邮政编码：200040
经　　销：全国新华书店
印　　刷：常熟市人民印刷有限公司
开　　本：889mm×1060mm　1/32
印　　张：4.25
插　　页：4
字　　数：87 000
版　　次：2021 年 6 月第 1 版　2021 年 6 月第 1 次印刷
书　　号：ISBN 978-7-5439-8260-4
定　　价：45.00 元
http://www.sstlp.com

目录

早场 3

比赛规则 8

位置选择 24

银杯 33

足球全景 47

英格兰球队 60

过去与现在 69

知名球员 72

真本色 85

现场观赛 92

电视转播 106

名词解释 113

译名对照表 119

你得聪明到能看懂这项运动,也得愚昧到认为它很重要。

——美国前参议员尤金·麦卡锡

早场

"懂球"的能力从未如今时今日这般重要,从董事会议室到建筑工地,从葡萄酒吧到普通酒吧,所有的交谈似乎都和这项运动有关。最高端的晚宴聚会上曾几何时回荡着关于柏拉图和老维克戏院①的谈笑,现在都已被梅西和老特拉福德球场取代。总之,你要是聊不上几句足球,你就没法参与现代生活。

(关于性别问题:特此申明,要是行文让人觉得球迷、球员和官员都是男的,纯粹只是为了表达省事,并不意味着男性能更好地掌握这项运动。如果你非要落入这样的窠臼中,就想想天空体育频道"专业"足球解说员理查德·奇斯和安迪·格雷的下场吧。他们曾质疑英超助理裁判希安·梅

---

① 英国著名剧院,以演出莎士比亚剧目等古典名剧著称。——本书注释均为译者注

西的工作资质——尽管这位女士显然比大多数男人都更了解越位规则。这样一场臭名昭著的性别歧视事件后,奇斯和格雷都被迫引咎辞职。)

如果你知道"早场"(early doors)这个词是从剧院的午场演出(matinée)引申而来的话,你就已经比大多数足球运动员和球迷懂得多了。但你也要意识到这个词在"足球圈"更常见的意义是足球比赛的开始阶段(其实也是任何活动的开始阶段),例如:"我们一定要从一开始就全力以赴"。

因此,绝对不要去赶"晚场",而且入场时一定要做好充分准备。你要是非得在由琐事、咒骂和情绪这些现代足球独有特征构成的丛林中即兴发挥,你很快就会露馅的。想知道原形毕露有多容易?看看政界就行了,比如英国前首相托尼·布莱尔。布莱尔在一次英国广播公司的电台访谈中被问及他对纽卡斯尔联的"毕生"支持,结果一家当地报社在报道中误传说:少年时观看"纽卡"传奇球员杰克·米尔伯恩的比赛给布莱尔留下了美好的回忆。实际上,米尔伯恩在布莱尔四岁时就已经退役了,但围绕这一报道的谜团却还要很久才能"退役",甚至永远都不会消散。球迷隔着老远就能嗅到哪怕<u>一丝丝</u>虚伪的气息。假如有什么事儿能让他们统一战线,那就是一致鄙视某些号称是某个俱乐部铁杆粉丝可实际上并不是的人。另一位英国前首相大卫·卡梅隆就尝过这样的滋味。他多年声称自己是阿斯顿维拉的球迷,结果却在2015年号召大家支持西汉姆联,后来他把这次意外解释为"大脑短路"。可社交媒体上许多嘲笑他的人挖苦地指出,他可能是把两支球衣颜色相近的球队搞混了,因为两队的主场球衣都是酒红色加蓝色。

还有一个例子是作家萨尔曼·鲁西迪,他曾在杂志上发表过一篇文章,宣称自己一直热爱托特纳姆热刺,并称赞了热刺传奇的苏格兰主帅比尔·尼科尔森。然而,尼科尔森其实是英格兰人。

所以,要吹牛的话,请务必遵循多年来数千名主教练总结出的箴言:

刻苦训练;
眼睛看球;
别做傻事。

另一位政客——美国前参议员尤金·麦卡锡曾把自己的工作比作足球(不过他本意说的是美式足球),你尤其要记住他的一句话——"你得聪明到能看懂这项运动,也得愚昧到认为它很重要"。承认自己不怎么懂世界上最受欢迎的运动在文化层面就等同于患上了严重的麻风病(而且到了晚期脓肿阶段)。

本书旨在指导你蹚过足球讨论中的主要雷区,使你具备足够的词汇量和回避技巧以最小化被抓包的风险。书中会向你介绍一些简单易懂的提示和方法,让你能成为众人眼中具备罕见能力和经验的真球迷。但这本书并不止于此,它能让你用关于这项"美妙运动"的种种知识和见地深深打动一票听众——不会有人发现在看这本书前你甚至以为"吹风机"和"黎明前的手提袋"①都是普通日用品,连它们之间的区别都不知道。

---

① 为"handbags at dawn"的直译,英国俗语,尤指两支球队之间相互做出愤怒威胁状但并未付诸行动,详见本书"名词解释"。

假行家皇冠上的明珠就是阐明越位规则的能力。

比赛规则

关于足球的最早记录出现在两千多年前[1]的中国，记载了传说中黄帝让士兵踢石球来锻炼他们的腿部肌肉。很明显，当时没有任何关于头球的记载。

都说运动是战争的另一种延续，但在历史上，足球经常无视"另一种"这三个字。长达几个世纪的时间里，英伦三岛上的足球比赛不过是成百上千人聚众斗殴的借口。据说，柴郡居民曾把丹麦俘虏的头颅当球踢来庆祝胜利；今天，米尔沃尔足球俱乐部的球迷依然延续着这样的传统[2]。

足球比赛的规则最早是1846年在剑桥大学制定的，H. 德

---

[1] 或指刘向《别录》"蹴鞠，传言黄帝所作"言，又有班固将《蹴鞠》二十五篇（已遗佚）列为兵家四种之一的兵技巧家，文中说法或由此二说结合丁家村遗址出土的石球融合而来。

[2] 米尔沃尔俱乐部的球迷群体通常被当做英国足球流氓的主要代表，多次球迷骚乱也让米尔沃尔俱乐部被处以罚款和禁赛，其暴力行为目标涵盖对手的球迷、球员、场上裁判、官员，甚至发生群体内部斗殴。

温顿和 J. C. 斯灵两位先生一同为这项运动敲定了统一的规则。他们的讨论用时近八个小时，也确立了一项传统，那就是讨论足球比赛的时间一定要比实际比赛的时间长。这一传统一直延续到如今天空体育频道的赛后分析。

英格兰足球总会（简称"英足总"）的第一次会议于 1863 年 10 月 26 日在伦敦科文特花园共济会的酒馆里举行。假行家大可承认自己对英足总的合理批判并指出：具有讽刺意味的是，英足总早期竟与一个因搞秘密活动出名且拒绝对外做出解释的组织有联系。

现在，世界范围的足球比赛由国际足球联合会（简称"国际足联"或 FIFA）进行组织。国际足联的英文全称为 International Federation of Association Football，连名称缩写的字母顺序都是乱七八糟的，可见这个组织是什么货色了！（FIFA 实际是其法语全称 Fédération Internationale de Football Association 的首字母缩写，但是何必在英语中心的世界里浪费一个好笑话呢？）尽管国际足联一直不遗余力地宣扬自己的各项程序都是公开透明、合法合规的，可它还是在 2022 年世界杯申办过程中爆出了丑闻。在权衡各个申办国家的情况后，时任国际足联主席赛普·布拉特宣布他和他的朋党——不好意思，是各位尊敬的官员们——选择了卡塔尔。这个前英国保护地国家[①]的名字听上去像

---

① 1882 年，英国入侵卡塔尔，之后强迫其签署不平等条约、承认卡塔尔为英国"保护地"，并获得该国采油特权。随着英国于二十世纪六十年代末撤出波斯湾地区，卡塔尔也于 1971 年宣布独立。

是卡痰了一样，但在认真考虑让它举办最大的足球盛事时，名字怎么念都不算事儿。该国于各项事务——其中最重要的是酒精供应方面——政策都存在问题①。然而，最实际的问题仍在于，世界杯举行的六七月间，卡塔尔的天气实在太过炎热，球员和球迷都可能严重缺水，尤其是不能摄入每日所需的大量啤酒的英格兰球迷。有人提出这么个建议：世界各地的联赛可以在赛季中期休赛一段时间，这样世界杯就可以在冬天举行了。你大可想象各大联赛对此会作何反应。你只能评价说，世界杯的举办权应该授予有成功经验、显然很擅长举办奥运会等大型体育活动的国家，硬是要"随意"举个例子的话……就比如说，英格兰吧。在六七月，卡塔尔这种国家可能更适合举办世界引擎盖煎蛋大赛。

踢膀胱

想诋毁足球的人总把这项运动形容为 22 个成年人把一个充气猪膀胱踢得满场飞。假行家则明白，足球的内核本就是 22 个成年人把一个充气猪膀胱踢得满场飞。如果这些人恰好是"职业"足球运动员，那他们还能靠踢猪膀胱挣大钱。这总会让大部分非职业球员和球迷心生不满，但也只能习惯成自然，因为他们也已经明白把"职业"和"足球运动员"这两个词放在一起本身就是自相矛盾而又顺理成章的。

看球并不需要知道很多规则，哪一队的 11 个人把球踢进另

---

① 卡塔尔为伊斯兰国家，其教规严禁饮酒。

一边球门的次数更多，通常就是赢家。这项运动就是这么简单，不然保罗·加斯科因怎么会如此擅长呢？

足球比赛中唯一必须要熟悉的规则就是猪膀胱要在场上被踢多久以及它没被踢的时候会发生什么。

比赛中断

界外球

界外球出现在球滚出球场长边（边线）以后，出界前最后触球的队伍要将掷界外球的球权让给对方。对方球员会捡起球，然后偷偷摸摸地沿着边线往前场蹭，越来越靠近对方球门，就为了占哪怕一点点便宜，直到裁判失去耐心，命令他从球真正出界的地方掷界外球。

球门球

球门球出现在球滚出球门所在的球场短边（底线）以后，如果最后触球的是进攻方，防守方就有权把球重新开向前场。这项任务通常由守门员完成。要是他开出的大脚球连中场线都不到就减速滚出球场、白给对方一个界外球，你就知道这场比赛的状态不会好了。

角球

如果球出底线前，最后触球的是防守方，进攻方就会获得把球从前场角旗区开出的球权。开角球时，总是会发生两件事：其一，主罚角球的球员把球踢向门前，让队友争取进球；其二，对方球迷聚集在他身后，对他的发型或他最近的酒后驾车记录或他老婆的性癖指指点点、骂骂咧咧。

任意球

任意球的判罚出现在球员犯规时（关于"犯规"，详见后文）。任意球有两种：直接任意球，主罚球员可以直接射门得分；间接任意球，球在进入球门前必须有同队第二位队员触球。判罚何种类型的任意球取决于犯规的严重性。但不管哪一种，其形式都是被犯规的一方从犯规处把球踢出，而犯规方的队员要退到至少10码外。这里说的"码"指的是足球场上的"码"，长度大致相当于标准码[①]的8.5倍。防守球员为了尽可能阻止对手进球，特别是任意球开球点离他们的球门比较近时，总希望离球越近越好。所以，裁判判罚任意球后，会立即向球门方向走出10码的距离，等着防守球队的人墙缓缓向他移动，这个过程的速度大致是每15秒1英寸[②]。裁判会一直等到离他最近的人墙球员终于在触手可及的范围里了，才会允许任意球开出，这样他也不至于太丢脸。大家终是都厌倦了这样的把戏，足球界官方故而推出了可消失泡沫。这种泡沫装在喷雾罐内，由裁判喷在草皮上。裁判会在罚球点上喷一个小点儿，然后向球门方向走出10码后再喷一条直线，

---

① 英制长度单位，1码折合0.9144米。文中的"10码"合78米。
② 英制长度单位，1英寸折合2.54厘米。

防守人墙则必须站在这条线以后。大约60秒后泡沫就会消失，因此比赛并不会因为满场的点、线、涂鸦而受到影响。英国足球传奇博比·查尔顿早在二十世纪八十年代就曾提出过类似的设想，但当时官方无动于衷，可能他们听查尔顿说的东西，想到的是他那标志性特朗普式大背头用的发胶吧。

如果主罚任意球的球员觉得快攻能打对方一个措手不及的话，可以自动放弃10码规则。可通常，这样的尝试也会打队友一个措手不及，其结果往往是在他们争论到底谁浪费了这次任意球机会时，对手快速反击并得分。

有时在发生犯规的情况下，裁判可能会遵循"有利进攻"原则，要是他认为继续比赛对被犯规的一方来说比停下来罚任意球更有利，便不吹罚犯规中止比赛。此般情况下，一旦被犯规的球队最终取得了进球，大家都会盛赞裁判的常识和远见，但通常球都进不了，所以他们更多是会痛斥裁判刚才没有判给他们任意球。

任意球套路

任意球套路指的是球队提前准备的任意球主罚流程。赛前，球员已经在训练场上练习到每个人都对自己的角色心知肚明，然后这些套路就会被应用到实际比赛中。至于最终呈现出的效果，无可避免，总和训练中精心设计的流程大相径庭。球员和球迷纷纷大张着嘴，目瞪口呆地眼看着球高高飞过所有人的头顶，在电子记分牌上反弹落地。

类似的套路也会应用于角球，球队会提前演练多种战术，主罚角球的球员会向队友比出商量好的手势，例如：

- 开球前举起右手可能表示："这个球不到近门柱我就要让它直接飞出场外，浪费掉这个角球，让你们失望去吧。"
- 举起左手可能表示："我要把这球直接踢到对方守门员怀里，然后他就能一个大脚把球开到咱们门前，助攻他的队友进球得分，而你们还在这儿因为浪费机会跟我啰里吧嗦。"

任意球中也有个人的进攻套路，通常指的是弧线球（又名"香蕉球"或"旋转球"），也就是通过球的旋转绕过对方人墙，让守门员几乎没有时间做出扑救。嗯，反正大概意思是这样。要达到这样的效果需要你在踢球时加上旋转，前阿森纳球员蒂埃里·亨利被公认为这一精尖技巧的大师。当然还有巴西名将罗伯特·卡洛斯，他在1997年对阵法国的比赛中轰出的那记曲线任意球震惊了所有现场观众，也福泽了镶玻璃的工人——全世界的小男孩都在自家后院里试图复制那一球。

点球

球门附近会划出一个罚球区（又称"禁区"），如果球员在本方禁区内犯规，对方就会获得点球机会。

在裁判终于把犯规球员（以及前来发起长达20分钟抗议的他的全部队友）从自己身边赶走以后，他会把皮球放置在点球点上，正对球门，距离大约12码[①]。获得点球的队伍可以派出任意一名队员来主罚。在点球罚出前，他和对方守门员是唯一允许出现在罚球区内的球员。

解说们鲜少谈到的是主罚队员那天早上六点钟才刚结束他的《使命召唤》游戏马拉松。

球门有7.32米宽、2.44米高，而点球踢出前，门将不允许双脚同时离开门线[②]。这样一来，你可能会觉得罚丢点球是一件不可能的事情，但不知怎么的，以踢球技能为生的职业足球运动员，在瞄准面积17.86平方米而被防守面积仅有1平方米多点的球门时，日复一日，总能要么被扑出点球，要么直接打飞。

评论员经常会帮罚失点球的球员寻找借口，例如压力、肩负着来自队友和球迷的期待、残酷的体育竞技中面对双方白热化的较量所暴露出的人性之脆弱。但评论员们鲜少谈到的是主罚队员那天早上六点钟才刚结束他的《使命召唤》游戏马拉松。

犯规

犯规主要有以下两种类别：

---

① 此处的"码"指英制标准码。12码即10.9728米。
② 此项规则由国际足联制定，但并未在全世界通行，英超联赛即例外。英超职业比赛裁判公司在国际足联多次敦促下也没有完全执行，门将双脚离开门线的情况是否需重罚点球交由当值主裁视情形决定。

对对手的犯规

这大致可以归结为：不好好踢球却去踢人。你可能会以为他们无非就是把对手绊倒了，但你错得厉害。尽管足球运动员在生活中的其他方面并不怎么灵光，可在犯规时他们却都狡猾得惊人，他们能把犯规伪装成：

- **铲球时机不对**——"太对不住了，我的脚是不是慢了那么一点点，所以没有踢到球反而踢在你小腿骨上了？"
- **只是想站稳而已**——"哦我说，真抱歉，我只是伸展开我的胳膊来维持平衡，没想到居然一不小心把手肘狠狠捅进你眼窝了呢。"
- **沉迷时尚**——"其实，我拽着你后衣领不放真的不是为了阻止你碰到球或者进球得分，只是想看看你的球衣是不是真的像看上去那样丝滑而已。"

违反比赛中的特定规则

这一类犯规中最常见的就是越位。这项规则造成的困惑太多了，以至于本书为它专设了一节内容进行探讨。其他此类犯规包括：

- **手球**：手球判罚的关键在于主观故意。如果一个球员（除了身处本方禁区内的守门员以外）故意用手控制了球，就会被判为犯规；而如果裁判认为这次接触是意外情况，就不会判罚。不过，你压根不需要管这些，如果手球的球员是你主队的，那就当他不犯规；如果是对方球队的，你就加入其他球迷伙伴仪式性地呐喊"手球——手球——"，要是这样裁判也不判个任意球的话，那就再加上一串对他的咒骂(详见"知名球员"中迭戈·马拉多纳的部分)。

- **回传**：此项规则诞生于1992年，以避免领先的球队在比赛临近结束时不断把球回传给门将。现在，如果球是队友用脚(而不是头或胸)回传的，守门员是不允许用手抱球的。这项规则变动不仅使足球比赛更刺激、更具侵略性，也让正当壮年的那些偏执狂守门员有了新的理由可以抱怨没有人喜欢他们、足球比赛就是在针对他们。
- **六秒规则**：二十世纪九十年代还有一项为了"加快比赛节奏"所做的规则变动，就是守门员得球后不能用手持球超过六秒。(此前他们可以持球更长时间，但持球时不能走动超过四步。)为此，守门员必须要培养自己放下球以后用脚控球的能力，这样的足球技巧和强健体魄是他们此前所不具备的。

记名警告

主裁判和(或)两位边裁(详见"现场观赛")隔三岔五还是能发现犯规的。要是犯规性质特别恶劣，除了判罚任意球外，主裁还会出示黄牌对犯规球员进行警告。(这一流程又称为记名警告，因为裁判会记下受警告球员的名字。)同一球员在一场比赛中拿到两张黄牌的话就会被红牌罚下,必须立刻离开球场。他会愤怒地踢飞边线上摆着的水瓶,这是明示其主队球迷他对裁判判罚极度不满的表现。

对于极其暴力的铲球或抬起胳膊攻击对手的行为,裁判可能会跳过黄牌,直接将该球员红牌罚下。臭名昭著的恶汉中场维尼·琼斯因为太常吃红牌,到后来他职业生涯的末期,比赛刚一开场球队就开始为他准备赛后淋浴了(详见"名词解释"中"提前洗澡"词条)。另一位这种类型的"强悍"球员,是曾辗转于莱斯特城、德比郡、伯明翰城、布莱克本流浪者的中场球员罗比·萨维奇。仿佛是嫌自己的姓氏还不够明显一样①,他还去参加了电视节目《舞动奇迹》②,又给了别人一次机会证明他是个毫无天赋可言的"足尖艺术家"。

不过你要是想在提名英超历史上最暴力球员时有一定事实支撑,还是选李·鲍耶(应该把他写作"爆耶",意为"把你打爆")吧,其效力过的俱乐部包括利兹联、纽卡斯尔联和西汉姆联(在将他视作一枚强悍过度的无头导弹这方面,球迷们都异常联合)。在鲍耶退役后多年,他依然在英超联赛的黄牌榜上名列前茅,具体数字大概是99还是100,这取决于你是否把两黄变一红算作

---

① 罗比·萨维奇的姓氏萨维奇(Savage),其英语原义为"野蛮人"。
②《舞动奇迹》(Strictly Come Dancing),英国广播公司电视节目。该节目邀请英国一些著名节目主持人、体育和演艺界明星,与职业舞蹈演员配对,表演国际交际舞和拉丁舞等。

两张牌,要知道有些统计学家可不这么算。你可以在聊天时顺口一提这张榜单,晦涩的数据辩论能让许多足球球迷激动到失禁。

越位规则

假行家皇冠上的明珠就是阐明越位规则的能力,众所周知,它很容易理解(除非你是英超边裁),但实在很难解释清楚。

千万别在晚宴上尝试用红酒杯和盐罐指代球员来解释越位规则,你不仅会败了人家出来吃饭的兴,可能还会毁掉他们的婚姻。此类尝试通常以某人用餐垫的一边表示门线开始,在几个钟头之后结束于至少其中一个人在洗手间哭泣,而其他所有人围桌而站并尖叫:"不对,胡椒罐是防守球员,你个笨蛋!"

要解释越位规则的诀窍在于,先把越位规则存在的意义解释清楚。它是为了解决"门前捡漏"的问题而创设的,指的就是前锋站在对手的门线上等着球传到自己脚下,用最简单、最没有挑战性的方法进球。(此时,你可以会心一笑,加上一句:"加里·莱因克尔,舍他其谁。")

一旦领会其渊源,其他的就很好理解了。在进攻球员接到队友传球的一瞬间,他和门线之间必须有至少两名对方球员(通常是守门员和一名防守队员),否则就会被判越位,对方获得任意球。

崇尚防守型踢法的队伍可以利用这项规则来"造越位",也就是在最后时刻将整条防线前移,这么一来,对方进攻球员面前就只剩下了守门员,然后所有防守球员都会向边裁举起右手示意对手越位。一九八〇年代的阿森纳将这一技巧运用得出神入化,他们的四后卫跑动起来就像纽伦堡纳粹党代会前排行进的队伍似的。

近些年,越位规则发生了微妙的变化,球员只要没有"主动参与进攻",就不会被判越位。广义来说,就是该球员没有尝试射门,也没有转移本该盯防其他进攻球员的防守球员的注意力。但在实践中,判罚充满了不确定性和模糊性(职业球员很少能用上这么高深的词汇)。非要给某球员有没有"主动参与进攻"下论断的话,你可以狐疑地挑挑眉毛,谨慎地表示:"该多主动,有多主动。"这话可以说是假行家对诺丁汉森林队传奇教练布莱恩·克拉夫一句名言的提炼:"如果一个球员没有参与到比赛中,那他就不该站在场上。"

比赛时长

每场足球比赛由上下两个各45分钟的半场构成,另外每个半场结尾时还会加上"伤停补时"(通过极其不科学的方法计算得出,长度一般在1—4分钟),来象征性补全比赛中被浪费的时间。曼联功勋主教练亚历克斯·弗格森在任执教时常常会自行检查执法官员对这段时间的把控,以至于甚至有人怀疑他收了某手表品牌的赞助。有意思的是,有些人细心地观察到,他的意见也是有规律可循的:当他的球队领先时,补时就太长了;而当他的球队落后时,补时就太短了。这一有趣的现象被熟知为"弗格森时间"。

曾有人做过实验,精确测算一场足球比赛中究竟有多少时间被浪费,结果发现在90分钟的比赛时间里,净打时间约为43分钟。没人知道这位做实验的人是怎么找到一场净打时间如此充足的比赛，但净打时间和比赛时间的差异并不难解释，领先的一方会通过各种手段最小化对手能用于扳平比分的时间，包括：

- 假装受伤，在草皮上打滚。目前最擅长使用这项艺能的有巴塞罗那的路易斯·苏亚雷斯①、巴黎圣日耳曼的内马尔、尤文图斯的克里斯蒂亚诺·罗纳尔多以及基本上你能想得到的所有前锋，包括他们的祖师爷于尔根·克林斯曼。
- 皮球出界以后，在开球门球、掷界外球之前，无动于衷地让球在地上停一会儿。
- 被换下场的球员慢慢悠悠地走出球场，而替补队员必须得等他离场以后才能上场。

他们的对手会疯狂地向裁判抗议，直到他们自己变成领先的一方。接着，他们就会玩起相同的把戏。

如果在杯赛淘汰赛中，双方在 90 分钟内打成平手，而胜者必须在本场比赛决出（也就是说不能重赛），那么有两种可能：

加时赛

加时赛属于额外增加的比赛时间，由各 15 分钟的上下两个半场组成。在加时赛的下半场临近结束时，球员已经在场上奔跑

---

① 原书首印于 2018 年 10 月，苏亚雷斯已于 2020 年 9 月宣布转会至马德里竞技。

近两个小时了，他们的腿会软得像果冻一样，脑子则像奶冻（这点倒是没什么变化）。这时，你就能欣赏到超乎想象的搞笑足球。

点球决胜

在加时赛后两队还是打平，那只能点球决胜。每个队有五次机会，五轮之后如果没有任何一方罚失点球或者仍没能决出胜负，点球大战还得继续进行，直到一方罚进而另一方罚丢。你可以轻松辨别出最近刚看完一场点球大战的球迷：他是没有指甲的。除非他是英格兰球迷，英格兰球迷从来不会咬指甲，因为他们知道英格兰队一般都会输的。这并不都来自他们国民性中天生的悲观，同样有着事实支撑：在英格兰队所有国际比赛的点球决胜中，他们只赢过两次，这两次例外分别是1996年欧洲杯淘汰西班牙以及2018年世界杯淘汰哥伦比亚。除此之外，他们曾在世界杯的点球大战中输给过德国（1990年）、阿根廷（1998年）、葡萄牙（2006年），在欧洲杯的点球大战中输给过德国（1996年）、葡萄牙（2004年）、意大利（2012年）。（关于这些点球大战的细节详见"足球全景"，不过你要是英格兰球迷的话，还是算了吧。）由于这样的规律，每次提到第一次世界大战期间1914年圣诞休战日那天英国和德国士兵在无人地带上踢的那场著名球赛，总有人猜测，德国人最后一定点球取胜了。实际上，那场球赛只是非正式的随便踢踢，根本没有结果，但我们依然建议不要让事实耽误了这么好的笑话。

假装行家小窍门

假装随口提到英国广播公司（BBC）的知识竞赛节目《老学究》(*Eggheads*)的制作公司就叫"12码"，他们取这名儿就是因为节目最后一个环节"赢家通吃"的规则和点球大战一样，而点球点与球门的距离正是12码。你会让自己看上去宛如文化巨人的，对很多足球迷来说，《老学究》的档次是契诃夫级别的。

VAR

忘记你以前对裁判争议判罚的了解和喜爱吧，现在的判罚甚至可能面对更多的争论和指责。视频助理裁判（Video Assistant Referee，以下简称VAR）可以在赛中帮助核验主裁判的判罚（或者是判罚疏漏），它现在似乎已经在比赛规则中站稳了脚跟。在几场世界级比赛中试点后，VAR正式首秀于2018年世界杯。根据FIFA的数据，99.3%"影响比赛进程"的判罚经查验都是正确的。可显然，决赛中克罗地亚对阵法国时所犯的那记争议手球[1]就是漏网之鱼。新科冠军法国队对此可能会评价："万变不离其宗啊。"

不过另一方面，也有两粒原本被判越位的进球经过VAR核实之后宣布进球有效。其中一粒是韩国队打进的，凭借这球他们淘汰了上届冠军德国队。这叫人怎么能不爱VAR呢？

---

[1] 指比赛第36分钟克罗地亚球员佩里西奇禁区内手球从而使克罗地亚被罚点球的争议判罚。

位置选择

要看球或者踢球的话，最简单的选择就是周日早上的小公园了，但是，奉劝一句那些想加入公园球赛的人：千万别。倒并不是因为其他人的球技会比你好，恰恰相反，他们的球技不大会比你好，而没有技巧的地方，就会滋生暴力。

值得注意的是，观赏公园球赛对每个球迷来说都有浪漫的吸引力，它的各种要求都比职业足球赛要松散，所以球员想穿什么球衣都行。于是，你时不时能见证各种离奇的对战，例如英乙球队克鲁俱乐部的前锋攻破巴萨守门员镇守的球门。此般景象能让球迷继续坚信，咸鱼总会有翻身之时的。

你要是非得亲身上阵，我强烈建议你放弃公园足球，选择更个人化的足球技巧训练，特别是颠球，也就是用你的脚、膝盖、头、肩和（如果你真的够厉害的话）胸部、后脖颈（当然不是这些个部位同时）来触球并不让球落地。但我必须要提醒你的是：看起来简单做起来难。职业球员赛前热身时的颠球看上去好像很简单，你自己试试就知道为什么他们是职业球员了。(至于英格兰球员为什么能在热身时展现娴熟的颠球技巧，却在实际比赛中3码外打飞空门，仍然是一个谜。)另外，千万不要在窗户附近练习颠球。

伟大的阿根廷球王迭戈·马拉多纳有一段用高尔夫球颠球的视频(那时他还没有发福)。如果你最近一直在练习颠球技巧的话，务必不要观看这段视频，否则你会像你身前的成百上千人一样，流下苦涩愤恨的泪水。

足球运动员的过人身体素质是有代价的,他们的语言表达能力可能会受影响。

令人高兴的是，你不用为自己糟糕的足球技巧歉疚，相反，这只能说明你有比较低的体智比。科学家研究发现，职业足球运动员表现敏捷是因为他们的大脑已经形成了最大化协调意志、肌肉、运动神经和观察力的回路；然而，足球运动员的过人身体素质是有代价的，他们的语言表达能力可能会受到影响。因此，尽管他们有能力串联起多脚传球(不列颠诸岛的球员除外)，但换做是你，你肯定更希望能串联起很多句子。

位置
守门员

守门员就是站在门柱之间的球员，负责阻止对方球员进球，也叫"门将"。他和其他球员有以下两个方面的区别：

- 他是唯一可以用手碰球的队员（只要他在本方禁区内）；
- 通常来说，他也是球门后的观众唯一能用小物件砸到的人。

要成为一名优秀的门将需要具备两大特质，一是个子够高（这样才能伸手够到球），二是脑子够癫狂（这样你才能在对方的膝盖重组你五官时还能专心伸手去救球）。考文垂门将史蒂夫·奥格里佐维奇的鼻梁在他的职业生涯中据说断过12次。幸运的是，考虑到他本来的模样，鼻梁骨断掉也没怎么影响他的长相。

门将的英勇事迹中最著名的莫过于1956年的足总杯决赛上，曼城的门将博特·特劳特曼在颈椎骨折的情况下坚持打完了最后15分钟的比赛。（如果你能说出罪魁祸首是哪位考文垂球员的膝盖的话，再加一分。正是彼得·墨菲，他有一个充满足球创造力的外号，叫"土豆"墨菲。）特劳特曼当时就剧痛无比（他只能继续比赛，因为那个年代的足球比赛还没有换人一说），却直到几天后才确认他的颈椎骨折了。其实在菲利普亲王为他颁发冠军奖牌时，他的不适就非常明显，前者还对他表示了同情。特劳特曼其实本是一名德国战犯，甚至还曾因其作为纳粹空军伞兵在东线战场上的英勇表现获颁铁十字勋章。战后他拒绝被遣送回德国，在兰开夏郡做起了农夫，后来又陆续加盟了圣海伦镇和曼彻斯特城做守门员。一开始，他也强忍了许多球迷的抗议，但最终成了在英国最受欢迎的德国人（可以说后无来者），并于2004年获颁大英帝国官佐勋章。这就是足球的奇怪之处，尽管它的世界里满是空拿高薪还趾高气扬的"演员"，他们还做着最没有体育精神的事，但又总能唤起那些曾经被珍视的品质，比如勇气和正直。

还有一条对假行家很有用的小知识，前教皇约翰·保罗二世和男高音歌唱家卢齐亚诺·帕瓦罗蒂年轻时都曾是颇为出色的守门员。其中一位在救球时显然要比另一位移动更多距离。事实上，还有很多名人守门员可供你选来吹嘘。西班牙歌手胡里奥·伊格莱希亚斯就曾在皇马青年队"一夫当关"（很多球迷喜欢这样说）；亚瑟·柯南·道尔曾经化名"A．C．史密斯"参加比赛；哲学家阿尔贝·加缪还在祖国阿尔及利亚时也曾做过守门员，他还说过"所有我熟知的道德和规则，都是足球教给我的"这样的话；知名作家弗拉基米尔·纳博科夫在剑桥大学时也曾把守过球门；据说切·格瓦拉还是个医学生时，也踢过这个位置（那些迫切想看他踢"左翼"的人败兴于这位革命领袖的健康状况——他因为哮喘而选择待在球门里）。

还有些名人在发光发热于其他领域前也曾打过职业联赛，包括自学成才的"神性之子"、阴谋论家和《大看台》（*Grandstand*）节目前主持人之一大卫·艾克（考文垂城青年队和希尔福德联）；美食节目主持人戈登·拉姆塞（格拉斯哥流浪者），不过拉姆塞的履历遭到了俱乐部的否认，他们说他当时最多只是短暂试训了一段时间（这话也不可全信）。

中后卫

中后卫指站在守门员正前方的两名队员,位于防线正中。在长时间的配合后,两名中后卫之间可以产生近乎心灵感应的协作能力:个子更高的起跳争顶头球,个子稍矮的负责踩着对方球员的脚趾不让他起跳。

中后卫往往是球队队长的上佳人选,比如前切尔西及前英格兰国家队的约翰·特里(任何影响其继续履行队长职责的问题都应该归结于场外的"意外"[①])。有一部分原因是因为中后卫的场上位置让他们能很方便地指挥本队球员,还有一部分原因是因为他们通常都人高马大还时常精神状况堪忧——这种品质也能够解释为什么他们犯错时没有队友敢朝他们大喊大叫。

防守型边后卫

防守型边后卫指中后卫靠外两侧的两名队员,通常又被称为"左后卫"和"右后卫"。他们遭遇进攻的防守策略一般有以下两种:首先,是"没人能从观众席最后一排进球"原则,也就是要第一时间把球大脚开出界外;其次,是"要么留球不留人,要么留人不留球",防守型边后卫会乐意放对方球员过去,或者让球过去,但决不会让两个都过去。

[①] 指2010年约翰·特里由于场外桃色新闻而被剥夺英格兰国家队队长之职。

进攻型边后卫

另一种防守策略是安排三名中后卫，并在他们的靠外两侧安排两名防守队员，也就是进攻型边后卫（也称翼卫）。他们身负两重职责，既要向前推进而从边路（球场边缘）突破，也要身兼对方球员成功突破、传中以后队友们百般责备的对象。

中场球员

在防守球员和进攻球员之间通常还有四到五名球员。他们会协助攻防两端，既给到防守球员批评他们不回撤帮忙的机会，又给到进攻球员责备他们不把球传到前场好让他们破门的机会。

另外，中场球员通常是所有球员中最靠近裁判的。也就是说在裁判妄想罚下某个球员时，他们还承担着恐吓裁判的重要职责。

假装行家小窍门

你可以把某些精力特别充沛的中场球员称为"B2B"（禁区到禁区）球员，他们会不断地在本方禁区和对方禁区之间转换攻防职责。

中锋

中锋就是游移在对方禁区附近同时确保为明天宣传照准备的发型纹丝不乱的球员。隔三岔五，他们如果碰巧出现在了正确的位置上，也会屈尊进个球，只要这粒进球不会弄脏赞助商提供的战靴就好。他们也是"跳水"高手（详见"名词解释"），特别是在有人给予他们轻如鸿毛的一击时。

足球比赛的其他形式

为了在没有送命和断腿风险的前提下享受足球的刺激感，很多老球迷会选择桌上足球，现实中的教练也会用这个游戏来向球员演示其战术思想。显然，动作受限且智商为零的木头小人作这用途有其局限性，但球员们还是会尽己所能来理解。

现在，年轻球迷——当然还有很多年长的球迷——更喜欢在屏幕上体验虚拟足球。玩家能够在 PS 和 Xbox 等平台上获取每年更新的 FIFA 系列电子游戏，它们吸引着全世界的球迷几个小时、几个小时地沉浸其中。不光球迷，很多职业球员也是这款游戏的粉丝。梅西作为世界公认的最好球员，据说最多时每天要打三个小时游戏。讽刺的是，前阿森纳主教练阿尔塞内·温格曾评价梅西的场上技术好得像个"PS 玩家"。

如果比起当球员来说，你更想做主教练的话，许多报纸和网站运营的小游戏"梦幻足球经理"（Fantasy Football League）就给你提供了理想的机会。游戏中，你可以选择真实的球员组成虚拟球队，球队的场上表现能为你挣到额外分数。这基本完整模拟了真实主教练的体验，除了在游戏里不会存在：

- 有媒体每天让你下课；

- 在全队开会时使用七种语言才能确保来自不同国家的球星都能明白;
- 与俱乐部主席的煎熬交涉,因为他想把钱都花在球场旁边新酒店和娱乐设施的建设上,而不是给你用来买球员。

球迷还有一种最古朴的方式可以来宣泄对这项运动的热情,那就是本地报纸上的"大家一起来找球"[①]比赛。(提示:这让他们有机会把球放到他们想要的位置上——职业球员都做不大到。)

[①] "大家一起来找球"(Spot the Ball)是一种博彩游戏。将比赛照片中的足球隐去,游戏玩家自行把球放在他们认为合适的位置上,离实际位置越近者获胜。

中场球员既要协防那些批评他们不回撤帮忙的人,还要助攻那些责怪他们不把球传到前场好自己破门的人。

银 杯

在有英国球队参加的足球赛事中,所授奖杯都要称为"银杯"。如果你用别的词的话,就会暴露自己作为一个假行家的无知。球员都特别喜欢用这个词,而且还喜欢发表像这样的"远见":"不管你赢得过多少银杯,怎么都赢不够。"这样说的意义是为了让别人觉得他们的陈列柜里已经满满当当塞了一堆奖杯。

以下是最受大家重视的几项赛事:

英格兰赛事
英格兰足球超级联赛

英格兰足球超级联赛(以下简称"英超联赛"或"英超")是英国足球最重要的比赛,英格兰和威尔士境内的20支球队两两捉对各打两场比赛(主场、客场各赛一次)。赢球积3分、平局积1分、输球积0分,每个赛季(当年8月到次年5月)结束,会计算每支队伍这38场比赛的总分。排名靠前的永远都是那么几支队伍，仅剩的真正乐趣在于谁会降级。降级是指每年排在末位三名的球队下一赛季只能去参加位于足球版图边缘的下一等级联赛（英格兰足球冠军联赛）踢球。

> 五月来临，球迷个个兴致高涨，平日里连超市找零都算不清楚的人都成了心算大师。

如果两支球队在赛季结束时积分相同，就要通过比较净胜球数来决定名次先后。净胜球就是本赛季球队进球总数与失球总数之差，净胜球数较多的一方排名就会靠前。这也就意味着，在赛季临近结束时，保级边缘球队的球迷们都会一起进行复杂的运算，计算赛季剩余比赛中主队保级所需要获得的比赛结果："如果我们最后三场比赛都4∶0取胜，而城市队平一场之后再0∶3输两场，我们就能保级成功。只要流浪者队在赛季最后一天不要取得两球以上的净胜球，除非联队……"

球迷们总会在五月来临时因足球比赛而个个兴致高涨，平日里连超市找零都算不清楚的人都成了心算大师。

英国足球史上最惊险的赛季收官出现在2011—2012赛季。最后一场比赛前，曼联和曼城这对同城死敌积分相同，但曼城在净胜球方面略胜一筹。曼联最后一场比赛已经获胜，这意味着只要曼城同样赢球，两队最后一轮同积三分，曼城就能凭净胜球问鼎。然而，末轮比赛临近尾声，曼城仍以1∶2落后于他们的对手（女王公园巡游者）。尽管补时的第二分钟曼城又取得了进球，可还是不够——这只是一场平局，而他们需要的是胜利。已经结束比赛的曼联球员仍在场上等待着消息……结果曼城在补时第四分钟踢入制胜球（绝杀），将冠军头衔纳入囊中，而曼联球员只能"像病鹦鹉一样懊丧"（详见"名词解释"）。

假装行家小窍门

在讨论排名时，有一个小知识很有用，那就是如果两队（争冠或保级时）最后积分、净胜球和进球数都相同的话怎么办？大多数球迷（甚至是资深球迷）都会认为是以两队交手的那两场比赛的结果来决定，但并不是这样，这两队要进行加赛。这种情况出现的概率非常之小，可阐明这样一个鲜为人知的知识点，能让所有人都以为你真的很了解足球。

英格兰足球冠军联赛

1992年，原本的英格兰甲组联赛（当时的英国最高等级联赛）更名为超级联赛，乙组联赛更名为甲组联赛；2004—2005赛季开始时，甲组联赛（也就是原本的乙组联赛）又更名为足球冠军联赛。

从英超降级到英冠意味着你会损失数百万英镑的电视转播版权费，你刚签下的那群反复无常的巴西球星纷纷决定自己不愿意在诺维奇周三的雨夜里面对区区五千个观众踢球，于是转会去了在英超中取代你的"升班马"球队。

英冠以下还有英格兰甲级联赛和英格兰乙级联赛。2004年前，它们被称为乙组联赛和丙组联赛；而 1992 年前，则是丙组联赛和丁组联赛。据说这些联赛也是踢足球的，但当代媒体中却很难找到相关证据——这绝不仅仅是因为媒体也记不住哪个联赛是哪个联赛。

足总杯

这不仅是全世界最著名的淘汰制杯赛，也催生了许多其他所有体育比赛加起来都比不上的陈词滥调，包括：

- 伟大的平等主义
- 足总杯的魔力/浪漫
- 梦想双塔[①]
- 大卫与歌利亚[②]
- 足以谈论数年的以弱胜强的伟业

通过这样的表述你也能看出，足总杯是对所有俱乐部开放的，小到由会计和工程师组成的非联赛俱乐部，大到英超最成功的球队。一月举行的第三轮是那些大俱乐部参加的第一轮足总杯比

[①] 指已被拆除的旧温布利球场，作为球场建筑一部分的"双塔"既是其标志，也成为旧温布利球场的昵称。下文所提举办绝大多数足总杯决赛的温布利球场亦指旧温布利球场。

[②] 见《圣经》故事，歌利亚是传说中的巨人，而牧童大卫以投石弹弓打中歌利亚并取下其首级。因此这一故事常被用来形容以弱胜强。

赛，因此被称为"足球最浪漫的一天"。不过当你想到普通球员对浪漫的定义就是拍下自己的裸照发给潜在女友，这句话可就大打折扣了。

足总杯此前的绝大部分决赛都在温布利球场进行（因此才说已经被拆卸的双塔曾经造就了许多梦想）。1923年，足总杯在那里举办了第一次决赛，也就是人们所说的"白马决赛"①。当时，据说有30万人涌入场内，乔治·斯科利警官骑着白马比利稳住了现场秩序。鲜有人知，几年后比利去世，伦敦警察厅将它的其中一只马掌抛光、装裱后赠予斯科利留念。多感人啊。

2001年，这项经典赛事暂时离开了它的传统场地，引发不小的震动，因为球迷没法再高歌托特纳姆热刺球迷首创的歌曲《奥西要去温布利，两腿哆嗦站不直》(这是一曲对他们的阿根廷中场大师奥斯瓦尔多·阿迪列斯的赞歌，由音乐二人组查斯和戴夫演唱）。既然现在比赛又回到它的灵魂家园了，那一切重回正轨②。尽管现在英超和欧冠的竞争意味着一些大俱乐部已经不像从前那样认真对待足总杯了，但足总杯决赛依然保留着一些历史悠久的传统，建议你也要熟悉一下：

---

① 该场决赛于1923年4月28日在旧温布利球场举行，由博尔顿对阵西汉姆联。这是旧温布利球场举办的首场比赛，英王乔治五世亲临现场为冠军颁发奖杯。
② 2001年起，足总杯决赛由于温布利球场重建而改于加迪夫的千年球场举办。2007年5月，足总杯决赛回到"原拆原建"的新温布利球场举行。

- 每届决赛都有一位对足球毫无兴趣或了解且对此毫不掩饰的皇室成员出席(威廉王子也许是此条铁律的例外,但他支持的球队是阿斯顿维拉,实际上还是验证了它)。
- 每届决赛都有一位对足球毫无兴趣或了解却想方设法加以掩饰的高级政客出席。有时,欲盖弥彰会变成此地无银三百两,例如1978年决赛后,当时的反对党领袖玛格丽特·撒切尔被问及她心中的全场最佳球员——"伊普斯维奇的10号,特雷弗·威马克。"她回答说。不幸的是,尽管她在节目里大概见过这个名字,可威马克该场比赛因伤缺阵。
- 所有人都会沉浸在足总杯决赛主题歌《与主同行》带来的感伤中热泪盈眶,尽管大家只记得歌词的前三个词儿[①],可仍然会出现九万人合唱"哒,**哒**,哒哒——哒——哒"的场面。
- 虽然赛前所有人都热情高涨,比赛本身却总是糟糕的。双方球员都紧张得站也站不稳,更不要说完成踢球这么复杂的动作了。
- 赛后庆祝时,得胜队伍的一名球员会把奖杯的盖子取下来

---

① 时任足协秘书阿尔弗雷德·沃尔爵士在1927年推介《与我同在》(*Abide With Me*)以取代在此之前一直作为足总杯决赛开场曲的《亚历山大的拉格泰姆乐队》(*Alexander's Ragtime Band*)。这一举措得到了都很喜欢这首赞歌的英王乔治五世和玛丽皇后的热心支持,此后在足总杯以《与我同在》作为开场曲渐成传统。该歌曲前三个单词即为"*Abide With Me*"。

戴在头上。不管怎样,也不会有穿着定制西装时那么傻。

从前,每支球队(包括强队)都会尽可能严肃对待足总杯的时候,出现过一些载入史册的决赛,你也应该熟悉一下:

1973年(桑德兰1∶0利兹联)

那年,桑德兰成了自1931年以来第一支捧杯的第二级别联赛球队。利兹联是当时的强队,又是上届冠军,这也让他们的失利更加出人意料。桑德兰的制胜一球由伊恩·波特菲尔德打入,他后来还达成了一项独特的成就:他是第一位被炒掉的英超主教练(1993年2月被切尔西解聘)。

1976年(南安普顿1∶0曼联)

又是一次名不见经传的第二级别联赛球队的胜利,进球的是鲍比·斯托克斯(Bobby Stokes),不要把他和1973年的桑德兰主帅鲍勃·斯托克(Bob Stokoe)搞混了。那时的英国球队还主要由英国人组成。

1981年(托特纳姆热刺3∶2曼城)

这场比赛(两队在首轮1∶1打平后那个周四晚上的加赛)最令人难忘的就是最后一粒进球。热刺的大胡子阿根廷球员里奇·维亚(这个姓氏虽和阿斯顿维拉的后半部分相同,但念"维亚")在禁区内一路带球突破了仿若37名曼城球员,劲射破门。

这粒进球也成了"世纪进球"榜单的常客。

1987年（考文垂3∶2托特纳姆热刺）

无所不能的热刺这次只得屈居第二，只因他们的后卫加里·马布特不慎把球送入了自家网窝，拱手将这关键一球送给了当时并不被看好的考文垂。这家英格兰中部球队的球迷因此将他们其中一份球迷杂志命名为《加里·马布特之膝》。

1988年（温布利登1∶0利物浦）

又是一场以弱胜强的比赛，葬送了利物浦英超和足总杯赛季双冠的美梦。戴夫·比森特成为历史上第一位担任足总杯冠军球队队长的守门员，也是第一位在足总杯决赛中扑出点球的守门员（他扑出了利物浦球员约翰·阿尔德里奇的点球）。后来，他还创造了一项不那么光彩的纪录：他是第一位因为大脚趾被一罐沙拉酱砸伤而缺阵两个月的球员。

英格兰足球联赛杯

英格兰足球联赛杯（以下简称"联赛杯"）也是一项淘汰制赛事，但和足总杯比起来就像拿威尔·杨①和弗兰克·辛纳特拉②做比较。当然，除非你的球队很有希望夺冠，那它才会突然备受青

---

① 英国选秀节目《流行偶像》(*Pop Idol*)获胜者。
② 二十世纪美国著名歌手、演员、主持人，曾多次被提名或获得艾美奖、美国电影电视金球奖、奥斯卡金像奖等重要奖项。

睐。联赛杯唯一的剩余价值就是迷惑没法理解为什么一项淘汰制杯赛名称中会有"联赛"这个词的美国人,这还只是关于足球他们不能理解的诸多事情之一。自1961年第二次举办算是立下根基后,此项赛事的赞助商包括博彩公司利特伍兹以及沃辛顿酒厂和卡林酒厂(对于一项选手都热衷赌博和饮酒的运动来说倒是非常合适)。

值得注意的是,此项赛事多年来曾多次更换名字,在2016—2017赛季重新改回"英格兰足球联赛杯"(可由于其饮料赞助商的原因后来又开始被叫成"卡拉宝杯"[①])。尽管如此,大多数球迷还是固执地称其为"联赛杯"。

欧洲俱乐部赛事

欧洲冠军联赛

来自欧洲各国的最佳球队会在欧洲冠军联赛(以下简称"欧冠")中一决高下。这项赛事的第一阶段以小组赛形式进行,之后转为淘汰赛。当你努力向美国人解释欧冠的赛制时,他们总会焦虑得直抽抽。

尽管赛事被命名为冠军联赛,可并不是每一支参赛队伍都是其本国联赛的冠军。每种联赛的前三名,甚至有些地方(例如英超)的前四名都有资格参加下一赛季的欧冠比赛。因此,一支球

[①] 泰国能量饮料品牌卡拉宝自2017—2018赛季起成为英格兰足球联赛杯冠名赞助商。

队可能不是联赛冠军,却可以是欧冠冠军。比如,2011—2012赛季的欧冠冠军切尔西,在该赛季英超最终排名第六;其前一个赛季也以9分落后于曼联,排名第二。看看足球有多复杂吧。

近些年,英超俱乐部在欧冠赛场上收获颇丰。从2005年到2012年的欧冠决赛中,除一场外,其余每场都至少有一方来自英格兰;2008年决赛的对阵双方甚至都来自英格兰,最终曼联在点球大战中击败了切尔西。自1967年凯尔特人击败国际米兰的那场知名胜利之后,捧起过欧冠奖杯[①](曾名"欧洲俱乐部冠军杯")的其他英格兰球队还包括利物浦、诺丁汉森林和阿斯顿维拉。自打二战结束,欧洲各国的首都可是很久没见过那么多吵着要来一杯好啤酒的英国佬了。

欧洲联赛

欧洲联赛(又称"欧罗巴联赛"或"欧联杯")此前又名欧洲联盟杯,基本上就是欧洲版的英格兰联赛杯。它是欧洲二线球队的安慰奖,近几年赛制改动后,欧冠小组赛被淘汰的球队会自动降入欧联,因此更不受重视。有点类似你在《X音素》[②]中惨遭淘汰后被迫去参加某个度假村的内部选秀一样。对欧联杯的阴阳怪气只会一如终始,除非你的主队在其中取得了好成绩,此时欧洲联赛摇身一变反倒成了"欧洲之光"的代名词。

---

① 即中国球迷所称"大耳朵杯"。
②《X音素》(*X Factor*),英国著名选秀节目。

国际比赛
世界杯

世界杯每四年举办一次,是世界上最大的体育盛会(也许只有奥运会才可与之媲美)。经过各区域的预选赛,来自全球 32 个国家的球队在为期三周的赛事中角逐桂冠。

世界杯第一阶段以小组赛形式进行,每 4 支球队一组,共分 8 组,小组内球队两两各赛一场。一般小组赛结束后,苏格兰就打道回府了。

之后的比赛便是单轮淘汰制了,对英国球迷来说,这才是名副其实的"淘汰"赛。首先是有 16 支球队参加的第一轮淘汰赛(又被充满创意地称为"16 强赛"),紧接着就是四分之一决赛。通常四分之一决赛结束后,英格兰也会回家。

第一届世界杯于 1930 年在乌拉圭举行,只有四支欧洲球队参加此次赛事。其他欧洲国家纷纷表示不乐意坐三个星期的船去南美洲,以此奠定足球世界中务必提前把借口准备好的优良传统。

巴西是世界杯历史上最成功的国家,曾五次捧杯。截至 2018 年世界杯,只有德国以及意大利紧随其后,两队都曾四度夺冠。确实,在世界杯的各项纪录中,巴西和德国都名列前茅,例如:在 2018 年世界杯开打前,德国队是参与世界杯比赛场次最多的球队,共踢 106 场,其后便是巴西队的 104 场。这些数据显然会随每届杯赛变化,因此还是建议你不厌其烦地将数据模糊化,以达到吹嘘的效果,比如:德国队(目前)的进球数(224

个)和失球数(121个)都名列第一。考虑到他们打过的加时赛数量,这样的统计结果也不算出乎意料。

另一种狡猾的伎俩就是记住几个不怎么会变化的知识点,比如说奖杯本身。现在的奖杯于1974年取代了原来的雷米特杯,它由18K金铸成,重逾6千克。其底座上可以刻下17支冠军队伍的名称,如今上面已经刻了10支队伍,到2038年刻字的空位才会用完。冠军球队并不能在夺冠后的四年里保留金杯,他们只会得到一个镀金的复制品,原物始终由国际足联保管。1950年的巴西世界杯非常特殊,因为它没有决赛,或者说没有正式的决赛。冠军是由四个小组头名用循环赛的形式角逐而出,最终乌拉圭在一场不出所料的无趣比赛中击败巴西,夺得冠军。

2006年世界杯上,瑞士国家队的经历十分有趣,他们在常规比赛时间内一球未丢,却惨遭淘汰。他们三场小组赛均零封(对手没能在一场比赛中攻破本方球门的行话)对手从而出线,然后对阵乌克兰。全场比赛打成0∶0后,瑞士队在点球大战中负于对手。

欧洲足球锦标赛

欧洲足球锦标赛也被不大正式地叫做欧锦赛或欧洲杯,其前身为"欧洲国家杯",是世界杯的欧洲版本,同样每四年举办一次。欧洲政治家总将其奉为欧洲融合与团结的范例,全然忽略比赛的本质是欧洲的各个国家彼此凶狠厮杀以致一触即发的地步。1960年举办的第一届欧洲杯就是再明显不过的例子,西班牙因苏联在二十世纪三十年代介入西班牙内战而抵制该届大赛。最终在巴黎举办的决赛中,苏联通过加时赛2∶1击败南斯拉夫(两国看彼此也不太顺眼)。

　而今,在任何对巴西队比赛的解说中定要使用"宛如桑巴舞姿一般"这句短语来形容他们球员的技术动作,大概已经写进了国际足联的官方章程。

足球全景

巴西

半个多世纪以来,巴西人都是世界公认的足球大师。一个满街毛孩踢着破布团跑的国度在恶性通货膨胀和政治腐败面前可能毫无还手之力,但他们在足球场上却能占得绝对先机。

极少数能负担得起球赛门票的巴西人总会给看台带去无与伦比的嘉年华氛围。而今,在任何对巴西队比赛的解说中定要使用"宛如桑巴舞姿一般"这句短语来形容他们球员的技术动作,大概已经写进了国际足联的官方章程。

1970年世界杯夺冠的那支巴西队中包括贝利、雅伊济尼奥、里维利诺和热尔松等伟大球员,也被许多人认为是足球史上最伟大的队伍。二十世纪九十年代,罗纳尔多接过了巴西天才的火炬,他是唯一一个名字听上去像个北部工人俱乐部表演场演员的中锋。最近的几年,巴西球迷们追捧内马尔(全名内马尔·达席尔瓦·桑托斯·儒尼奥尔,但一般都只称呼他为内马尔)。2017

年，内马尔以创纪录的2.22亿欧元转会费从巴塞罗那转会至巴黎圣日耳曼，这个惊天数字被视为足球背离普通球迷甚至背离现实的标志。不过，还是建议假行家们把内马尔当做一个优秀典范——除了他每场比赛要花14分钟在草皮上假装受伤的行径——他是一名虔诚的基督教徒，据说把10%的收入都捐给了教会；儿子出生时，他将这新生命形容为"2.8千克的纯粹快乐"。这个比喻对巴西宿敌阿根廷的某位球员可能有截然不同的含义，那就是一度可卡因上瘾的足球天才迭戈·马拉多纳。对巴西队足球造诣的至高褒扬尽现于英国球场看台上常能听到的一首助威曲，它的曲调来自歌曲《蓝月亮》[①]："巴西，就像在看巴西队，就像……"早年切尔西踢得很糟糕的时候，他们的球迷则会高唱："《警务风云》[②]，就像在看《警务风云》，就像……"

法国

多年来，法国在足球方面一直自嘲的态度，法兰西明星球员喜怒无常的个性常常阻碍整支队伍走向成功。比如说，埃里克·坎通纳在曼联可谓呼风唤雨，可他却和当时的法国队主教练因矛盾一拍两散，使球队失去了一名关键球员；还有大卫·吉诺

[①]《蓝月亮》(Blue Moon)，1934年由理查·罗杰斯作曲、劳伦兹·哈特作词，成为经典的情歌，有众多翻唱版本。曼彻斯特城俱乐部(昵称"蓝月亮")亦有球迷为主队改编的特殊版本。

[②]《警务风云》(The Bill)，英国经典警匪剧，首播于1984年。其剧名来自英国民间用于称呼警察的俚语"老比尔"(Old Bill)。

拉，他在预选赛中犯下的致命错误使法国没能进入1994年世界杯的决赛圈，并因此受到时任法国队主帅热拉尔·霍利尔的公开责难，霍利尔以法国人特有的克制将这次失误称为"罪行"（或许他指的其实是吉诺拉新接的沐浴露、须后水或内裤广告）。当时的法国队队内充斥着苦涩与不满，对英国球迷来说反倒是一派美丽宜人的景象。

然而，到了二十世纪九十年代末，法国不知怎么一扫内讧的阴霾，开始收割各项赛事的冠军，涌现出许多天赋异禀的球员，例如齐内丁·齐达内、马赛尔·德塞利、伊曼纽尔·佩蒂等。他们组成了一支无往而不胜的队伍，一举夺得1998年世界杯和2000年欧洲杯，又以年轻阵容赢得了2018年世界杯（这样的远景于他们的对手来说不是什么好消息）。此时法国足球的成功对英国球迷来说是一件让他们回不过神来的烦心事。

德国

此前多年，德国足球队统治着欧洲，完成了他们军事领袖未竟的事业。他们曾于1954年、1974年、1990年和2014年四夺世界杯，曾于1972年、1980年和1992年三度捧回欧洲杯。可想而见，他们的足球风格正是效率至上。尤其让人火大的是，他们的得胜之路常常包括在点球大战中打败英格兰。当米夏埃尔·巴拉克或洛塔尔·马特乌斯这样意志坚定的球员走上前来主罚点球时，就算是最天真乐观的英格兰球迷也不敢奢望他们会罚丢。

尽管如此，英格兰球迷还是会唱起历史悠久的助威曲来恐吓他们的德意志宿敌（曲调来自《康城赛马》）："咱们赢过两次世界大战，一次世界杯，嘟哒，嘟哒……"而德国人不反击的唯一原因是"四座世界杯、三个欧洲杯，还有四五年惨败后经济的腾飞"听起来实在不着调。

意大利

意大利是世界杯历史上与德国并列仅次于巴西的第二成功的队伍，他们曾四度夺冠（1934年、1938年、1982年、2006年）。也因此，他们在2018年世界杯预选赛中落选出乎全世界球迷的意料：没有意大利的世界杯就像没有番茄酱的比萨。任何质疑意大利歌剧爱好者国度本质的人，应该看看意大利球员索要点球的场面：脸上刻满激情与痛苦，疯狂而徒劳地挥舞着双臂向裁判哀求，令人发指的不公将其重重击倒在地，他破碎，他失意——一名意大利前锋能为一次手球判罚注入你只得在斯卡拉剧院可见的戏剧张力。而在前场上演种种好戏时，曾由保罗·马尔蒂尼、法比奥·卡纳瓦罗等领衔的后防线则忙着筑起一道令匈人王阿提拉的骑兵都望而却步的防线。

任何质疑意大利歌剧爱好者国度本质的人，应该看看意大利球员索要点球的场面。

阿根廷

阿根廷是足以与德国和苏格兰比肩的英格兰足球的宿敌。足球方面，这种不爽的绝大部分原因要从1986年世界杯上马拉多纳上演的"上帝之手"（详见"知名球员"）说起，而两国之间的敌对更是由来已久。1966年世界杯的第一轮淘汰赛期间，据传英格兰主教练阿尔弗·拉姆塞将阿根廷球员形容为"野兽"，只因为他们表现得侵略性过强，拉姆塞还禁止英格兰队员在赛后与对手交换球衣。此般言行在阿根廷国内造成了对英格兰的反感。之后，在1982年，两国又因马尔维纳斯群岛主权之争开战[①]，也让两位当时效力于托特纳姆热刺的阿根廷球员里奇·维亚和奥西·阿迪列斯不大好过，情感上的冲击使得阿迪列斯更乐意被租借去法国球队巴黎圣日耳曼待上半年[②]。

迭戈·马拉多纳"史上最佳球员"的称号近年来受到了他的阿根廷老乡梅西的挑战（详见"知名球员"）。梅西虽堪称天才，但也曾有一点任性。2016年美洲杯（南美洲版的欧洲杯）上，阿根廷不敌智利，梅西恼于自己随国家队参赛却未能赢下一项主要赛事的冠军——鉴于他所效力的俱乐部巴塞罗那获得过的奖杯能让你用鸡毛掸子掸断手，因此他做了个任何勤奋认真的职业运动员

---

① 马尔维纳斯群岛战争，通常简称"马岛战争"。马尔维纳斯群岛（英国称"福克兰群岛"）位于阿根廷领海域内，长期由英国进行殖民统治。1982年爆发的"马岛战争"以阿根廷战败告终，两国对群岛主权归属仍有争议，目前则由英国实际控制。
② 除了来自阿根廷及英国媒体带来的舆论压力，阿迪列斯的堂兄弟其时在马岛战争中失踪（推定死亡）。

都会做的决定：宣布自己将退出国家队。2014年，他就输了一场世界杯决赛，结果每每事与愿违的情况下还要求他继续为国效力，实在太不公平了（大意如此）。让终于意识到梅西之伟大的阿根廷球迷——或者说全世界球迷——倍感庆幸的是，这位情绪化的前锋在短短两个月后就收回了这一决定。

你可以指出，阿根廷球员总是与争议相伴。2006年，莱昂德罗·库弗雷成为史上唯一一位在世界杯比赛终场哨响后被罚出场外的球员。三声哨响后，阿根廷队和德国队在四分之一决赛后发生了大规模冲突，更神奇之处在于库弗雷其实是该场比赛的替补队员，甚至根本没有登场。是的，你不用上场就能被罚下场，就是这样的不讲逻辑缔造了足球运动如今的模样。

荷兰

作为老牌劲旅，荷兰人多年来培养出了一批天资卓越的球员，例如约翰·克鲁伊夫、马尔科·范巴斯滕、鲁德·古利特和丹尼斯·博格坎普。而对英格兰球迷来说，最著名的荷兰球员则是罗纳德·科曼。1994年世界杯预选赛中，他在本不应该继续在场上踢球的情况下攻破了英格兰的球门（在此之前，他对大卫·普拉特犯规时，裁判没有将其罚下）。最终，英格兰没能进入该届世界杯决赛圈，已故的格雷厄姆·泰勒其时被迫辞去了英格兰主帅之职。尽管泰勒凭借现场解说工作和俱乐部管理风格在球迷心中赢得了一席之地，可英格兰人还是衷心地感谢科曼让他被炒了。

西班牙

和法国相似,西班牙在很长一段时间里,成绩也不尽如人意。可一切都改变了,他们一举夺得2008年和2012年两届欧洲杯的冠军,中间还夹着2010年世界杯冠军,奉上了一道美味的西班牙三明治(他们也是历史上第一支达成这种帽子戏法的球队)。西班牙的国内联赛素来是欧洲最强之一,如今他们的国家队被奉为史上最佳之一也不出人意料。英国小报的评论家们对西班牙没有使用典型中锋就赢得2012年世界杯(尽管西班牙偶尔也会派上运气不佳的费尔南多·托雷斯)怀恨在心,强烈抨击他们过度依赖传球倒脚,而这种配合一般又名控球。这在英国人眼中无异于作弊,更谈不上让他们去欣赏哈维、伊涅斯塔和席尔瓦在敌阵中起舞并随心所欲进球的表演。

美国

"足球"是美国人打死都理解不了的词汇之一(和"人行道""尿布"以及"反讽"一样[①])。他们口中的"足球",是让一群18英石[②]的大汉穿着19英石的护具,在一块比陆地测量局图纸线还多的场地上,把一个橄榄形的球扔来扔去。

我们所说的"football"在美式英语叫"soccer",绝对不能对足球这项运动用这样的称呼。一旦用了这个十恶不赦的词就会

---

① "足球"(football)、"人行道"(pavement)、"尿布"(nappy)在美式英语中分别为"soccer""sidewalk""diaper",而"反讽"在此应是讽刺美国人理解不了英国人对他们的讽刺。
② 英石,英制质量单位,1英石折合6.35千克。

立即被怀疑和美国人一样对足球一窍不通。可你要想展现进阶的"懂球"技巧，就由着你身边的人先嘲笑一下这个"s"开头的词，然后提醒他们不应该把这全怪罪到美国人头上：这个词是从"Association"（协会）里的"soc"拆出来的，而"协会"这个词正是将橄榄球和足球区分开的关键（详见"比赛规则"）。你自己是绝对不会把这项运动称为"soccer"的，得让你的伙伴们理解——你同样也不会把这个词的推广怪罪到美国人头上。没这个必要，要怪罪到他们头上的事情还多的是。

足球在美国的普及是由他们女子足球的成功引领的，她们在1999年女足世界杯的决赛场上击败了中国（美国人就是喜欢挑战其他的超级大国）。美国人对这项运动的"没啥感觉"充分体现在二十世纪七十年代时纽约宇宙足球俱乐部的主教练身上，他签下了德国人弗朗茨·贝肯鲍尔——他那个时代最出众的后防球员。"叫那个德国酸菜滚到前面去，"该教练曾说道，"我们花了一百万可不是让他来防守的。"成功的美国球员通常都是独行侠，一路摸索进英超联赛，狠狠教训了一些人，例如托特纳姆热刺的光头中场克林特·邓普西。不过，光头洋基佬[①]也能造就优秀的门将，包括布拉德·弗里德尔（前热刺门将）、蒂姆·霍华德（前埃弗顿门将）和马克斯·哈曼（前雷丁门将）。

爱尔兰共和国

由于爱尔兰对国际成就的渴望，他们已经将加入国家队的标

[①] 欧洲用"洋基"统称所有的美国人，即"美国佬"之意。

准降到只要爷爷喝过一品脱健力士啤酒就行了。他们最优秀的球员之一是罗伊·基恩，他的大部分时间都用来教训他的爱尔兰同胞，特别是那些出生在英格兰的。不过，要想唬人层次更高一些，你可以提一句约翰尼·吉尔斯一直以来都是冠绝爱尔兰最佳球员榜单的那位。曼联传奇教练马特·巴斯比爵士曾把自己1963年放走吉尔斯、让他加盟利兹联的决定形容为"他在足球上犯下的最大的错"。1975年，吉尔斯身体力行"球员兼教练"的概念，把整支西布罗姆维奇用爱尔兰的球员填满，球队因此被称为"西布罗姆维奇爱尔兰众议院"。

苏格兰

多年来，苏格兰超级联赛每个赛季都重复着同样的故事。联赛共有十支球队：格拉斯哥流浪者、凯尔特人（也是格拉斯哥球队）以及另外八支用来决定他俩谁拿冠军的球队。不过，2012年，一场近年来席卷苏格兰足球（也包括英格兰足球）的金融风暴找上了门来。格拉斯哥流浪者队打开门来，发现英国税务海关总署正向他们索取九百万英镑的未缴税款，后面跟着其他债权人来索要好几个中场球员的转会费，再后面还有苏超联赛官方："你也知道俱乐部财政健康的相关规定吧。"一言以蔽之，这些规定意味着，格拉斯哥流浪者被逐出超级联赛并被下放至丙级联赛。苏超的逻辑——或者说没有逻辑——和英格兰是一样的，也就是说丙级实际上是个第四级别的联赛。有降下神坛，就有狼狈地跌落谷底，动静大得整个足球世界的轴都晃了晃。

在国际比赛方面，苏格兰扮演着一个重要角色。他们的世界杯成绩一直比英格兰还差，这确保能让英格兰球迷至少还有个可以取笑的对象。

英格兰

本节内容比其他几个国家都要长，原因只有一个：英格兰人发明了足球。这是不容辩驳的，其中的水分比乔治·贝斯特的威士忌里掺的水还少。不过这也不重要，固执己见、自欺欺人和自以为是是英格兰足球心理的重要组成部分，作为一名熟练的假行家，你应该充分意识到这一点。

在英格兰足球队的历史上有许多闪光时刻，遗憾的是，在英格兰人看来，它们都发生在1966年7月30日这一天里。

英格兰在温布利球场打赢世界杯决赛的故事说来简单：离比赛结束仅剩几分钟时，英格兰队2∶1领先，但悲剧降临了，沃尔夫冈·韦伯为联邦德国打入了扳平比分的进球，英格兰球迷全都"像病鹦鹉一样懊丧"（详见"名词解释"）。加时赛上半场，杰夫·赫斯特的打门击中横梁下沿，落地后又弹出门框。俄国边裁托菲克·巴赫拉莫夫（实际上是阿塞拜疆人，但在1966年，"俄国"和"苏联"经常混用，特别是以足球球迷的地缘文化水平来说）颇具争议地宣布球越过了门线，英格兰因此一球领先（这也不是英格兰和俄国第一次联手做掉德国了）。比赛将尽的读秒阶段，赫斯特再入一球，成了唯一一名在世界杯决赛中上演帽子戏法的球员。"有些人站在球场上，他们觉得一切结束了，现在一切确实结束了！"这是当时BBC评论员肯尼斯·沃尔斯滕霍姆的著名评论。

这个故事已经耳熟能详到耳朵生老茧了，所以要想在球迷间获得尊重，你得了解一些关于这场比赛的冷门知识：

- 英格兰球员的比赛费用只有每人60英镑。阿迪达斯向任何愿意在决赛中穿着该品牌球鞋的英格兰球员开价1 000英镑——有些人确实穿了，另一些只是在自己战靴侧面画上了三道白杠，假装它是阿迪达斯的鞋（就这样，阿迪达斯也付了1 000英镑给他们）。
- 如果加时赛结束时仍然打平，两队将会重赛。如果重赛依然无法决出胜负，世界杯冠军的归属将会通过另一种重赛决定，但不是靠点球大战，而是掷硬币。
- 在赫斯特打入全场比赛的第四粒进球时，英格兰教练组的其中一位助教激动得一跃而起疯狂庆祝，因严厉拘谨著称的时任英格兰主教练阿尔弗·拉姆塞对他说道："给我坐下，老实点儿。"

英格兰从此之后再也没有闯入过大型赛事的决赛，但有过多次擦肩而过的经历，你还是得知道一下，比如：

1970年墨西哥世界杯四分之一决赛对阵联邦德国

在2∶0领先的情况下，英格兰不知何故竟然最后以2∶3输掉了这场比赛。许多人将失利怪罪在最后时刻被换上场的替

补门将彼得·波内迪身上,因为身手敏捷,他平时的绰号是"大猫"。那天嘛,英格兰球迷立马给他起了一两个新绰号。另外,替补前锋杰夫·阿斯托还错失了一次半米外的必进之球,之后没多久,他就改行做擦窗工了。

1990 年意大利世界杯半决赛对阵联邦德国

加时赛结束时,双方比分 1∶1,比赛进入点球大战。斯图尔特·皮尔斯踢飞后,克里斯·沃德尔的点球必须踢进才能避免英格兰出局。他的射门严重威胁到了看台上 16 排 184 号座的观众。

接下来几年里,菲尔·柯林斯吸引了一众忠诚歌迷,因为他的歌曲《又一次错失》(*I Missed Again*)作为皮尔斯和沃德尔罚丢点球镜头的配乐被一遍遍地播放。

1996 年温布利球场的欧洲杯半决赛对阵德国

比赛再一次来到点球大战,双方前五轮均没有罚失。加雷斯·索斯盖特走上前主罚英格兰的第六粒点球。

菲尔·柯林斯买了辆新车。

1998 年法国世界杯对阵阿根廷

尽管大卫·贝克汉姆被罚下场,十人应战的英格兰还是将比赛拖入了点球大战。保罗·因斯罚丢了点球,大卫·巴蒂必须罚进才能避免英格兰出局。

菲尔·柯林斯到瑞士买了房。

近几年的大赛中，英格兰逐渐养成了倒在八强的不优秀传统，在2002年、2006年世界杯和2004年、2012年欧洲杯上都是如此。与其说是被打败，还不如说他们是根本赢不了，许多球迷对英格兰已经没有更多期待了。这样的醒悟反而更好，多位知名外籍教练（斯文-戈兰·埃里克松、法比奥·卡佩罗等）都曾许下成功的诺言，换来了高额薪水，却只带来更多失败。埃里克松的中间名碰巧与英语中的"尿"（urine）发音相近，这也正是很多人对他工作的评价。

英格兰足球的最低谷出现在2016年欧洲杯上，英格兰队惨遭史上最大羞辱。神勇小冰岛弯道超车，后来居上，打了英格兰一个1∶2使其止步16强，也促使时任英格兰主教练罗伊·霍奇森立即下课。要知道，冰岛的人口大致和考文垂相当。

而随后，救赎到来！英格兰人在2018年世界杯重新爱上了他们的球队，他们在半决赛中惜败克罗地亚（大约有半个伦敦的人口），取得了可喜可贺的第四名。执迷不悟的球迷们高唱了三个星期的"足球要回家了"，英格兰不出意外地被淘汰终于又带回一丝正常的气息，尽管这届杯赛的情绪更多是繁华落幕，而非习以为常的缴械投降。很遗憾，足球并没有回家，它去了一个糟糕很多的地方——它距离它家仅一步之遥，就在英吉利海峡对岸18海里的地方[①]。

---

① 指法国。2018年俄罗斯世界杯，法国队于决赛击败克罗地亚，时隔二十年第二次获得世界杯冠军。

英格兰球队

曼彻斯特联

曼彻斯特联(简称"曼联")是一家业务涵盖休闲、服装与零售的国际产业集团,市值高达数亿英镑,吸引着世界各国的兴趣。该集团也经营一家足球俱乐部作为副业。

关于这家球会,你只需要知道一句总结就可以了:只有三家足球俱乐部的名字里包括脏字——阿森纳[①]、斯肯索普联[②]以及该□的曼联[③]。曼联在二十世纪九十年代统治着整个英格兰足球世界,尽管近些年其他队伍也对它形成了挑战,曼联仍然遭到其他俱乐部球迷的广泛厌恶[④]。这很大程度上来自长期执教曼联、如今

---

① 阿森纳,其原文为"Arsenal",其中"arse"意为"屁股"。
② 斯肯索普联,其原文为"Scunthorpe United",其中"scunt"意为"蠢货"。
③ 原文对脏话作了文字处理,译文随原文处理。
④ 此处原文为"Man U",是其他球迷对曼联队的侮辱性称呼,音同"manure"(粪肥),最早来自西布罗姆维奇球迷助威歌曲对1958年慕尼黑空难中逝去曼联球员邓肯·爱德华兹的奚落,后殃及所有因此罹难的球员。

已经退休的前任主教练苏格兰人亚历克斯·弗格森爵士那高高在上的态度。曼联的管理运作经常被"吐槽"过于偏执,这太不公平了。偏执狂是错误地认为所有人都讨厌他,而曼联对所有人都讨厌他们这个事实没有理解障碍。

作为一名真懂球的假行家,倘若你想要反驳盛极一时的"曼联邪恶论",你可以列举如下几个例证:

- 曼联在弗格森任教期间所获得的奖杯,都是通过对抗激烈、场面精彩的比赛赢来的,而不是某些球队偏爱的那种保险但沉闷的防守型风格。
- 曼联的全球感召力是英超联赛能吸引大众眼球的重要因素,这样一来英超成了能吸引各国优秀球员前来竞技的联赛,继而为英国球迷带来无穷的乐趣。

当然,你还有一个选择,就是和其他人一样讨厌他们。这可简单多了。

曼彻斯特城

曼彻斯特城(简称"曼城")是所有曼彻斯特本地人支持的球队,与之相反,曼联则是所有萨里郡居民支持的球队。一直以来,曼联扮演着福尔摩斯,而曼城则是华生(事实上这个比喻也不太恰当——起码福尔摩斯和华生还是互相喜欢的)。但在2008年,新金主阿布扎比联合集团(由其王室成员运营)为曼城带来巨额注资，也彻底改变了两队实力对比。在那之后，曼城取得了欧冠资格并夺得2011年足总杯冠军，还在2012年、2014年和2018年三夺英超联赛冠军。对曼城球迷来说，唯一美中不足的就是为他们带来成功的集团名字里居然有"联合"（United）一词。

曼城一路走来经历了很多。在二十世纪九十年代中期的黑暗日子里，曼城甚至一度滑落至第三级别联赛，整个俱乐部最糟的时候只有42名球员登记在册。教练阿兰·鲍尔曾说，他执教的第一天，那帮球员朝他跑来时，他感觉自己就像电影《祖鲁战争》里的迈克尔·凯恩一样[1]。

切尔西

足球世界中的老话说：一支成功的球队需要"年轻和经验的融合"。切尔西是2005年、2006年、2010年、2015年、2017年的英超冠军，2007年、2009年、2010年、2012年的足总杯冠军，2012年的欧冠冠军，以及2013年的欧联杯冠军。加之曼城的成功，更证明现如今成功球队需要的是"五亿英镑和五亿英镑的融合"。蓝军被俄罗斯石油巨头罗曼·阿布拉莫维奇收购后便得了一个新绰号"切尔斯基"。这家俱乐部已经因购买昂贵的海外球员出了名，进口这么多球员，据说希思罗机场已经给他们单独开了一条海关通道。

---

[1]《祖鲁战争》是一部英国战争历史电影，讲述了英国军队在非洲遭到当地土著祖鲁人的围攻。迈克尔·凯恩饰演了其中一位主要英国军人角色。

（切记一定要提到这种趋势和二十世纪八十年代恰好相反。当时许多优秀的英国球员都去了欧洲大陆踢球，总体来说都不太成功，很多人认为这是因为英国球员不会说当地的语言，但这种借口是完全不正确的：毕竟不会说英语从来也没让这些球员在本国日子难过[①]。其实吧，问题主要出在这些球员太想念传统英式食物，例如咖喱、土耳其烤肉以及鸡肉炒面[②]。）

阿布拉莫维奇的资金为切尔西带来了巨大成功，他更为人熟知的其实是他对成绩不佳的主教练的零容忍。从临时换掉"补锅匠"克劳迪奥·拉涅利以后，"阿布"还曾炒掉若泽·穆里尼奥（他曾为罗曼大帝[③]赢得第一段连胜）以及其他几位外国教头（阿夫拉姆·格兰特、路易斯·费利佩·斯科拉里、安德烈·维拉斯-博阿斯都来了又走）。就连在2011—2012赛季带队拿下足总杯和欧冠双料冠军的罗伯托·迪马特奥也保不住自己的饭碗。要想突出斯坦福桥（切尔西位于西伦敦的主场）主教练们的帅位多舛，可以参考不受球迷欢迎的前利物浦主帅拉法·贝尼特斯在2013年被阿布炒鱿鱼后发生的事，他的继任者是若泽·穆里尼奥。穆里尼奥可有着2004—2007年的成就基础，他回到斯坦福桥再续前缘，马上在2014—2015赛季再次为切尔西赢得了英超冠军，接着就因为下一赛季的糟糕开局而二度下课。

---

① 此处或指许多英国球员说话带有较重的方言口音，亦是对球员文化水平不高的讽刺。
② 以上提及的均为英国"改良"版本的外国食物，属于外卖类快餐。
③ 指阿布拉莫维奇。

阿森纳

阿森纳是北伦敦两大俱乐部之一。就算北伦敦另外一家俱乐部托特纳姆热刺近几年正渐渐复兴，可毕竟热刺在1961年后还没有夺得过顶级联赛冠军的头衔（不管是从前的甲组联赛还是现在的英超），而阿森纳则已经多次夺冠了。1998年和2002年，阿森纳甚至还取得了双冠王的成就（一个赛季同时获得联赛和足总杯冠军）。这让热刺球迷极为不爽，特别是考虑到阿森纳压根没有正统的北伦敦血统，他们原本来自南伦敦的伍尔维奇，1913年才跨过泰晤士河来到北边。时至今日，热刺球迷依然热切地鼓励他们的对手赶紧踏上回乡之旅。

1996年，阿森纳聘任了气质忧郁的法国人阿尔塞内·温格做主教练。让温格名声不大好的就是他每次谈及自己的球队有没有犯规的时候，视力都不太行；只要一有人提出他的球队被犯规了，他的眼神就锐利得和老鹰似的。他长达二十二年的执教经历也让他成了阿森纳史上执教时间最长的教练。阿森纳的老球场海布里因草皮一尘不染而闻名，阿森纳在二十世纪九十年代中期之前则因极度无趣的防守作风而闻名，以至于看草在那儿长都比看他们的比赛有意思。后来，这座老球场还得到了一个绰号"海布里图书馆"，全都怪阿森纳的中产阶级球迷们只会坐在场边礼貌地拍拍手，而不会为他们的球队呐喊助威。有研究表明，一万名球迷喝彩的能量足以烧开1.5升的水。但在阿森纳，可能只够烧开一茶匙。

英格兰球队

托特纳姆热刺

如前所言,距离热刺上次夺冠已经很久了,他们在杯赛中的表现素来强于联赛。他们总会说"只要那年年份以'1'结尾",他们就会赢个足总杯冠军,这是基于他们1961年、1981年和1991年的夺冠经历。你只需要指出1971年的足总杯冠军是热刺的死敌阿森纳,或是2001年和2011年他们根本无迹可寻,他们的球迷一般就会闭嘴了。无论如何,他们还是可以对2021年翘首以盼的。

提到热刺,有一条语言学冷知识不得不提,那就是这家俱乐部的名字是英格兰92支职业联赛球队中唯一以"r"结尾的(人们经常因为热刺的英语简称"Spurs"是复数就以为它的全称[①]也以"s"结尾——不要想当然。)

利物浦

在传奇教练比尔·香克利和鲍勃·佩斯利的带领下,有凯义·基冈、肯尼·达格利什和伊恩·拉什等一众优秀球员的加持,利物浦是二十世纪六十至八十年代最成功的俱乐部。其荣誉室里的联赛冠军奖杯、足总杯、联赛杯和欧洲俱乐部冠军杯(欧冠前身)不计其数。

到了九十年代,利物浦仍然涌现出许多天赋其才的球员,例如迈克尔·欧文和史蒂文·杰拉德,可利物浦却再没能获得过顶

---

① 托特纳姆热刺英文全称为"Tottenham Hotspur"。

级联赛的冠军①。他们在2001年和2006年两夺足总杯冠军，甚至还挣扎着（很多人都这么认为）"侥幸"赢下了2005年的欧冠冠军（他们在决赛中场时以0∶3落后，最终却在点球大战中获胜）。只要"红军"还没重夺英超冠军，利物浦的球迷就还是觉得不大甘心。

不过，他们的球迷们还是依然孜孜不倦地支持着球队，利物浦最为人熟知的就是他们的队歌《你永远不会独行》。对手球迷经常会把这歌改成《你永远不行》，他们还连带副歌部分一起改："失业，失业，带上笔签失业协定……"②

埃弗顿

埃弗顿是利物浦的另一家俱乐部，也是同城死敌里长期以来处于下风的那一个。他们的主场古迪逊公园毗邻一座教堂，教堂的建筑甚至延伸到了球场上方——当然不是球场上，也因此，该队从来不在周日开早场，以保证教堂仪式不受影响。可是，就算上帝拿着他们的季票也没法保佑他们与利物浦比肩。

---

① 原书首印于2018年10月，利物浦时隔三十年于2019—2020赛季再获英超冠军。
② 此处歌名《你永远不会独行》(You Will Never Walk Alone)被改成了《你永远不行》(You'll Never Work Again)，副歌部分原为"Walk on, walk on, with hope in your heart"，被改为"Sign on, sign on, with a pen in your hand"。

纽卡斯尔联

"纽卡"(纽卡斯尔联的简称)的球迷绰号"喜鹊",以忠诚和抗冻著称。只有在冬天最冷的日子里,他们才偶尔会勉为其难地穿上两件T恤。

一名二十世纪五十年代的典型足球运动员每天抽30根烟,每晚喝8品脱苦啤酒,每晚晚饭平均下来所含的油脂只比他那辆二手莫里斯老爷车的发动机略少一点。

过去与现在

过去

二十世纪五十年代的典型足球运动员通常都生在、长在艰苦的矿区，没能在足球场外找到一份薪酬、待遇都更好的工作，才选择去踢球。

他会尊称俱乐部教练为"先生"，即便如此，他也只会在教练主动跟他说话时才开口。他自己清洗球鞋，每只鞋足有两斤重。他的周薪只有15英镑（夏季则是12英镑）——周薪上限20英镑的规定直到1961年才被英足总废除。

一名典型足球运动员每天抽30根烟，每晚喝8品脱苦啤酒，每晚晚饭平均下来所含的油脂只比他那辆二手莫里斯老爷车的发动机略少一点。球队比赛通常在周日下午或者周三晚上（这还是在泛光灯得到普及以后）。他和另外十名队员共用一个卫生间，用肥皂洗头。

退役之后，他会开一间酒吧，或者——如果他混得特别好的

话——开两间酒吧。

现在

如今典型的足球运动员14岁时就会签约人生第一家俱乐部，随后他的助理经纪人会为他签下第一笔休闲服装品牌代言。经过青年队和预备队的历练，他会完成英超首秀，在那两周后买下第一辆法拉利，四周后才终于长到学习驾驶这辆法拉利的法定年龄。

在几轮还不错的表现后，他的经纪人将他标榜为"下一个梅西"，马上就会有几家俱乐部为了签下他开始疯狂加码。最终，他以八位数的转会费被交易至另一家足球俱乐部，每周赚的钱比他父母一年赚的还多。

他的比赛偶尔会在周六下午，但通常都在其他几天，取决于天空体育为了安排电视节目表把比赛挪到周日下午还是周一晚上，或者对手上周四在乌克兰和他们欧联杯四分之一决赛的对手第二回合比赛打平后被允许有多长的休整时间。

他的女朋友是个娱乐明星，或者模特，或者曾经是模特的娱乐明星。她是个金发妞。

他不能理解不是去晒日光浴的你为什么会想出国。有这种想法的典型例子就是西布罗姆维奇球员约翰·特雷维克，他在中国行途中受邀参观长城，他却拒绝了。而他拒绝的理由是"窥一墙（wall）而知全长城（Great Wall）"。

现在的典型球员退役后通常会去打高尔夫。

格雷姆·索内斯曾效力于利物浦,因铲球凶悍而著名("凶悍"一词用在这里就好比形容乞力马扎罗山"有一点点难爬"一样)。

知 名 球 员

"谁是史上最伟大的球员?"关于这个问题的辩论多年来只围绕以下两个名字:

贝利

这位巴西传奇职业生涯共打进1 281粒进球,重新定义了足球中的伟大。贝利在1958年世界杯上完成处子秀,时年17岁的他在决赛中打入两粒进球,帮助巴西队锁定胜局。自此之后到他1977年退役,他被公认为是世界上技巧最为出类拔萃的球员——他自己尤其这样认为。我们没任何可用来否定他天赋的论点。

更有意义的知识点在于学习贝利的本名:埃德森·阿兰特斯·多纳西门托。这是非常实用的炫耀资本,但切记不要在嘴里有东西的时候说这个名字。贝利一直表示自己并不知道"贝利"(Pelé)这个昵称的来历,不过民间普遍认为这个词来自葡萄牙语的"珍珠"一词,但事实上"pelé"在葡萄牙语中的意思是

"皮肤"。

迭戈·马拉多纳

这位阿根廷巨星的炫目球技足以击溃一条后防线,但英格兰球迷只会永远把他和1986年世界杯上英格兰的失败联系在一起。当时马拉多纳面对英格兰门将彼得·希尔顿,试图起跳争顶头球,结果却是用手把球打进了网窝。这记手球对希尔顿来说显而易见,对其他球员来说显而易见,对全场观众来说显而易见,对全世界千百万收看电视转播的观众同样显而易见,可惜唯独一个人看不见——突尼斯裁判阿里·宾·纳瑟尔。他判罚进球有效,阿根廷因此2:1取胜,英格兰惨遭淘汰。就连马拉多纳自己也几乎半承认了他的手球,假惺惺地表示这粒进球是用"上帝之手"打进的。时至今日,英格兰球迷一听到迭戈·马拉多纳的名字,也会很巧合地比出某个著名的手势。

其他球员

来到二十一世纪第二个十年,贝利和马拉多纳"史上最伟大球员"之争终于迎来了新的搅局者。这两个新上榜的名字属于近些年来一直交替获得金球奖的球员:利昂内尔·梅西(效力于巴塞罗那的阿根廷球员)和克里斯蒂亚诺·罗纳尔多(效力于尤文图斯的葡萄牙球员)。罗纳尔多的球技毋庸置疑,但少有严肃球迷会真把他称为最佳球员。踏入而立之年以后,罗纳尔多的贡献基本局限在禁区内的少数几次触球——没错,这些触球也很精彩;

没错，这些触球经常能演变成进球。可是你没法用它们来证实这是天才的稳定输出。

可以说："你知道罗纳尔多的名字来自罗纳德·里根吗？"不要误入大流的歧途去评估罗纳尔多的史上排名，你完全可以通过这样一个冷知识来为自己加分。在葡萄牙，人名的前两部分通常是父母给孩子起的名字——他的全名是克里斯蒂亚诺·罗纳尔多·多斯桑托斯·阿维罗。"罗纳尔多"这个名字并不是某种向往美国的政治宣言——哪怕1985年罗纳尔多出生时里根确实是时任美国总统——起这个名字只不过是因为罗纳尔多的父亲是里根的影迷[①]。

不可以说："你知道利昂内尔·梅西的名字来自小莱昂纳尔·里奇吗？"在大众知道罗纳尔多的名字来自里根以后，这个传言就散布开来——但很遗憾，这只是谣传。

利奥·梅西才是"史上最佳"头衔的真正竞争者，有些足球评论员也已经对此下了定论。例如，在2018年3月，巴塞罗那在欧冠决赛中击败切尔西时，前英格兰球员阿兰·希勒就在社交平台上说道：

> 我们应该庆幸自己活在这样一个年代，让我们能观赏史上最伟大球员的比赛！＃梅西

[①] 罗纳德·威尔逊·里根（Ronald Wilson Reagan），第40任美国总统（1981—1989），1937—1965年以"罗纳德·里根"为艺名参与拍摄八十多部影视作品。

知名球员

就连那些依然在为贝利或马拉多纳站台的人也迟早会改变主意的。梅西的球技就是超凡脱俗,有人曾形容他甚至能"穿美人鱼的裆"("穿裆"一词详见"名词解释")。当这位阿根廷球员运球面对对方防守球员时,他们脸上的惊恐不言而喻——他们知道自己不仅会被过掉,而且全过程都会看起来很蠢。他们完全可以老老实实坐视梅西将球送入球门,而不用在试图跟上他最后一次变向时栽倒在地。

假装行家小窍门

不要在谈论梅西时和你的同事较劲,你完全可以等到他们的大夸特夸告一段落的时候,简明扼要地来一句:"梅西(没戏)这个球员,真有戏。"要是这世上还有比精彩的球赛更让球迷疯狂的东西,那必须得是三流双关语。梅西的名字有时也会被念成"利昂内尔",这可能是阿根廷人的发音方式。但如果有人拿你的发音不准确("莱昂纳尔")来说事,你只需要向他指出我们说到去巴黎度周末的时候,也不会用法语来说"巴黎"这个词。

梅西固然伟大,但为了脱颖而出,你也可以再列举其他几个名字。比如**齐内丁·齐达内**,法国1998年获得世界杯和2000年获得欧洲杯的冠军队成员。他一直都是纯粹主义球迷的宠儿,不仅因为他的脾气,还有他流畅的技术。相应的,他的职业生涯尾声也有一丝悲情:2006年世界杯决赛中,他因为用头撞向对手球员的胸部而被直接罚下。要想在假装行家方面再下一城,你可以击破一个自齐达内退役后一直萦绕不散的谣言,那就是他整个职业生涯中从来没有越过位。这不是真的,他至少越位过四次。对于一名进攻型中场来说,这依然是一个相当低的数字,但你对真相的认识足以让你脱颖而出成为一名真"懂球帝"。

另一个不错的选择是**约翰·克鲁伊夫**。二十世纪七十年代,克鲁伊夫在强大的荷兰队阵中,以灵巧优雅的球技吸引了数百万观众;在他的俱乐部生涯中,他也曾随阿贾克斯连续夺得三届欧冠冠军。你还可以点出一个事实,哪怕是个老烟枪,克鲁伊夫的身体素质依然出众。这种事对足球球迷来说太有吸引力了。(近些年的著名烟民球员包括切尔西的吉安卢卡·维亚利。球迷们喜爱他的原因还包括他的口误,虽说这些口误中很大一部分是他刚开始执教时手下球员对他玩的恶作剧——他的名言包括球员要在紧'鸡'关头努力奋战。)

在最伟大的后卫方面,弗朗茨·贝肯鲍尔是一个保险的选择,他因开发出这个位置的进攻属性而著名。瓦解对方的进攻后,他会迅速向前推进,用一记简洁精准的传球撕开对方整条防线,为本队带来一粒进球。尽管他是个德国人,你也可以放心地在英国球迷面前赞美他。没错,他就是有这么优秀。

优秀的英国球员

斯坦利·马修斯爵士

变幻莫测的中场球员,炫目的技巧为他赢得了"带球魔术师"

的绰号。足球专家们亲证他在 1953 年足总杯决赛上连续晃过其对手博尔顿流浪者队球员、为他的表现唱赞歌时，也会口水流个不停。但他们不会提到的是，斯坦利·马修斯所在的布莱克浦能赢得比赛靠的是斯坦·莫滕森的帽子戏法，而马修斯一个球都没有进。假行家应该知道的是他直到五十岁高龄还在为一线球队（斯托克城）踢球。

博比·查尔顿爵士

作为英格兰 1966 年世界杯夺冠队伍的成员，查尔顿一直保持着英格兰队史最佳射手（49 球）和曼联队史最佳射手（249 球）的纪录，直到韦恩·鲁尼一个人打破了这两项纪录。他的纪录很大程度上归功于对手都被他的发型（酷炫的大背头）干扰到分心，以至于无法专心盯防。

鲍比·摩尔

作为唯一一名举起过大力神杯的英格兰队长，摩尔注定会在球迷心中占据一席之地，更不用说他不仅是一位极具天赋的球员（贝利曾称他为自己所面对过的最好的防守球员），还是一个风度翩翩的好人。他年仅五十一岁就因癌症去世的消息让整个国家都为之悲痛。

每当人们提到他的名字，都会发出一声景仰的叹息——你也应该加入，说出摩尔的中间名是"切尔西"。这个中间名和切尔西足球俱乐部没有半点关系，他绝大部分的职业生涯在西汉姆联度

过,"切尔西"只是摩尔家族中一个常用的名字而已。

布莱恩·罗布森

他在曼联和英格兰国家队的领导力为他赢得了"惊奇队长"的绰号。1982年世界杯上,他打进了当时人们以为的史上最快的进球——27秒(之后人们核实发现:1962年,捷克斯洛伐克球员瓦茨拉夫·马塞克曾在开场15秒就打进一粒进球;这一纪录现在由土耳其的哈坎·苏库尔保持,他在2002年世界杯上的进球用时仅11秒)。

肯尼·达格利什爵士

达格利什在二十世纪七十和八十年代分别为凯尔特人和利物浦效力,积累了无人可及的足球素养。不幸的是,由于他艰涩难懂的苏格兰口音,他没法向任何人传授经验。这种语言障碍也许就是他在2011—2012赛季末被利物浦的美国老板炒掉的原因之一。

加里·莱因克尔

现代足球进攻效率最高的前锋之一,从没吃过牌或被罚下场(很大程度上是因为他永远不变的场上位置——门线外半米——这意味着他根本不可能靠近任何人并对其犯规)。

格雷姆·索内斯

曾效力于利物浦,因铲球凶悍而著名("凶悍"一词用在这里就好比形容乞力马扎罗山"有一点点难爬"一样)。

格伦·霍德尔

曾效力于热刺和英格兰国家队的中场球员,被许多人认为是他的同辈球员中最具天赋的人。球迷们都亲切地唤他"格伦达"。他曾担任英格兰国家队主教练,但他因那些关于化身、转世的争议言论(还有其他什么和通灵相关的鬼东西)而使自己"被下课"。从此之后,他的名字就经常被用来给学生儿歌里的"小菜一碟儿"(doddle)押韵。

保罗·加斯科因

在其职业生涯初期,关于加萨(加斯科因的昵称)的讨论通常都包括"天才""天赋""卓越"这样的字眼。你要记得这一点,这很重要,因为"小时了了"通常跟着悲剧性的"大未必佳"。

乔治·贝斯特

贝斯特来自贝尔法斯特,年少成名。1963年,他与曼联签约,并随队夺得甲组联赛冠军和欧洲俱乐部冠军杯冠军。他球技惊人,酒量同样惊人。至于他的场外生活……作为假行家,你一定要记得他的名言:"我把90%的钱都花在酒、女人和跑车上。剩下的都浪费掉了。"

迈克尔·欧文

欧文在1998年世界杯初出茅庐，对阵阿根廷的经典进球让他成为当时英格兰队史上最年轻的进球者（当时欧文年仅十八岁——这一纪录直到2003年才被韦恩·鲁尼打破）。不幸的是，他早年被寄予的厚望从未能完全实现。欧文职业生涯的大部分时间在利物浦度过，因此他命中注定从未能夺得英超冠军[①]；而作为英格兰队的一员，他也命中注定拿不到任何国际大赛的冠军。一般来说，像欧文这样的百万富翁很少会被用"悲剧宿命"这样的词形容——但是足球球迷就是如此喜欢沉湎于负面情绪。

莱恩·吉格斯

吉格斯在曼联一线队的长期效力让他得以创造一项特别的纪录：他是唯一一名在英超改制后的前21个赛季中都有进球的球员（也是唯一一个在英超建制后的前22个赛季中都登场过的球员）。一场社交平台曝光则又给他带来了一项没那么光彩的纪录，他传闻中的婚外情纪录在互联网上传得满天飞——而他1991年在曼联首秀时，互联网几乎还不存在。

弗兰克·兰帕德

兰帕德是他曾长期效力的切尔西足球俱乐部其球迷坚定的最

[①] 其实欧文随曼联获得了2010—2011赛季的英超联赛冠军，也是其职业生涯第一次获得英超冠军奖牌，欧文该赛季出场11次、进2球。

爱。在讨论"有没有头脑灵光的足球运动员"时，兰帕德是一张非常有用的牌。据说他的智商高达150，足以加入门萨俱乐部[①]。此外，他还完成了11门英国普通中等教育课程，并在拉丁语考试中取得了A*的成绩。

韦恩·鲁尼

这位曼联和英格兰球星早在其作为球员的首秀之前就在英超赛场上出现过。1996—1997赛季，长得像个小土豆一样的十一岁小鲁尼作为他挚爱的埃弗顿队球童代表出现在了埃弗顿与利物浦的比赛中。在讨论"有没有头脑灵光的足球运动员"时，鲁尼也是一张非常有用的牌，只要你的答案是"没有"的话。

史蒂文·杰拉德

这位前利物浦中场兼英格兰队长和莱恩·吉格斯共享一项特别的纪录，他们都只为一家英国俱乐部效力过。2015年，他离开安菲尔德[②]，赴美国洛杉矶银河队度过一个赛季，进一步证明美国足球俱乐部只不过是上了年纪的英国球员养老的地方。2009年，齐内丁·齐达内曾称赞杰拉德是世界上最好的球员。到目前为止，他是唯一一位在足总杯、联赛杯、欧联杯和欧冠的决赛中都有进球的球员。

[①] 门萨俱乐部(Mensa Club)是世界顶级智商俱乐部的名称，于1946年成立于英国牛津。
[②] 球迷常以俱乐部主场的球场指代俱乐部所在。安菲尔德即利物浦主场。

大卫·贝克汉姆

关于这位爱哭的、满身刺青的中场大将兼英国足球的宠儿，还有什么可聊的呢？只剩一件事了："有请大卫爵士。"由于2013年因缴税问题与爵位擦肩而过后他发出的那些污言秽语，授勋这事儿可能还得等一段时间。（污言秽语其实是随被黑的电子邮件曝光的，但据说贝克汉姆已经接受他的大奖章目前还可望而不可即的现实了。）与此同时，这位被公认为"金球"的男人还会继续在各种主要体育盛会上代表英格兰和整个英国，同王室成员以及政治领袖厮混，在世界各地的广告板上炫耀他鼓鼓囊囊的内裤。在足球领域，他是出场次数排名第三的英格兰球员，曾115次代表英格兰出场（仅次于彼得·希尔顿和韦恩·鲁尼），因"手术刀一般精准"的右脚而闻名。据各方反映，他还是一位乐天派的好小伙，因此大家都不应该去嫉妒他大约1.65亿英镑的资产，绝对不应该。

加雷斯·贝尔

这位为人谦和的威尔士边锋在2013年以创纪录的1亿欧元转会费从托特纳姆热刺转会至皇家马德里。在诸多值得注意的高光时刻中，大家印象最深的可能就是他的丸子头造型，以及欧冠历史上的最佳倒钩进球（2018年欧冠决赛对阵利物浦）。非要拿出证明这球到底有多好的证据，看看贝尔当时的队友克里斯蒂亚诺·罗纳尔多脸上震惊的表情就行了，他平日里睥睨一切的高冷神情在那时却扭曲得神似一只在荨麻叶子上舔尿的斗牛犬①。像罗纳尔多这样趾高气扬的自我主义者是不应该被任何人抢风头的，更别提抢他风头的是一个来自加迪夫的草根后起之秀，还梳着比他更扎眼的发型。

---

① 在荨麻叶子上舔尿的斗牛犬(bulldog licking piss off a nettle)是苏格兰俚语的骂人话，意指被骂的人面目丑陋。

一旦开始支持一支球队，谨记忠贞不渝最要紧。就算他们状态不好，还在联赛积分榜上掉名次，也不要为了更好的球队抛弃他们。玩世不恭地交换俱乐部，孤注一掷地求取成功，那是球员的活儿。

真本色

要真正做到确凿可信，你得选择一支球队支持，然后在任何足球相关的对话开始时，你就可以自报家门，它能立刻为你的同伴提供一系列关于你主队的固定评论。这样一来，球迷们也可以避免为特立独行的观点咄咄不休这种麻烦事。

想加入对足球现状实践与真理的大讨论，选一支英超队伍要容易得多，因为英超吸引着绝大部分的媒体视线。

和大众观点不同，地缘并不是唯一可接受的选择主队的理由。许多球迷对主队的拥护来自童年时的感性因素，比如说，他们可能会选择他们阿福叔叔当年支持的球队。

然而，感性选择并不等于随意选择，所以你在决定自己支持哪支球队时，千万不要使用以下标准：

- 对该队球衣颜色的喜恶
- 对该队明星前锋女友的垂涎与否

- 对该队明星前锋女友发布的最新单曲的喜恶

不管你什么打算，一旦开始支持一支球队，谨记忠贞不渝最要紧。就算他们状态不好，还在联赛积分榜上掉名次，也不要为了更好的球队抛弃他们。玩世不恭地交换俱乐部，孤注一掷地求取成功，那是球员的活儿。

与主队球迷讨论你们的球队

在同队球迷中获得共鸣的最好方式就是对主队的前景表达极度悲观。真正的球迷根本看不上那些最近才搭上足球便车的人那种欢快热情的态度。相反，他们将球队视为自己肩上的十字架，从小就给他们的生活蒙上阴影的魂灵，到长大成人仍然诡异地控制着他们。

和同队球迷讨论主队时常用的句子包括：咱队上周六又废了（或者，如果球队赢了的话：咱队上周六又走狗屎运了）；只要布洛格斯①还是教练，我们就什么都做不了（或者，如果布洛格斯刚刚下课：我们就不该炒掉布洛格斯）；我们还是应该改踢三后卫吧（或者，如果你的主队本来踢的就是三后卫体系：我们还是应该改踢四后卫吧）。

你得找出你们主队的同城死敌是哪支球队，如此一来，只要提到他们的名字，你就能适时嘲讽一番。例如，纽卡斯尔憎恶

---

① 英国常以"Joe Bloggs"指代任意普通人，此处"布洛格斯"即其音译。

桑德兰，也被桑德兰憎恶；谢菲尔德联和谢菲尔德星期三之间鲜有温情；热刺瞧不起阿森纳，反之亦然；在布里斯托，这种仇恨则出现在布里斯托尔流浪者和布里斯托尔城之间；曼联的头号死敌是曼城（考虑到全国其他球队已经那么讨厌曼联了，这种仇恨真的很突出）。每当一对同城死敌相遇，这场比赛就会被称为"德比"——不过警方不会这么叫，他们称"德比"为"公共安全隐患"。

不过，有时（或者说很少）球迷们也会为了对足球的共同热爱放下分歧，比如以下这位纽卡斯尔铁杆粉丝。他的妻子忍无可忍地对他说："知道吗？我觉得你爱纽卡胜过爱我。""纽卡？我爱桑德兰都胜过爱你。"

与其他球队球迷讨论足球

除了追随自己的俱乐部，你还得眼观六路，才能和其他球队的球迷讨论比赛。

有一种狡猾的策略是在一些新鲜问题上保持与大众观点不同的立场。那些听你说话的人会以为你一定知道什么他们不知道的内幕，于是就会把你当成真正的足球专家。但要谨记，使用这招时千万不要矫枉过正。比如，你大可评论说大卫·贝克汉姆在中前卫位置上要比右边前卫更有价值，但要说他五步开外都踢不中门未免就太失言了。

转会传闻

媒体对足球的兴趣爆发意味着电视和报纸总在巴望各种各样

的故事来填满他们的头条、版面和网站。因此，哪怕最微不足道的传闻，只要是关于某个球员有意签约转会某个俱乐部，无论多不可能，媒体都会一拥而上、大快朵颐，仿佛自己报道的是无上真理。推特等社交平台的流行更可以说是火上浇油。

尽管这些所谓转会传闻有90%都根本不可能成真，球迷却能凭借自欺欺人的功力说服自己：任何传言中要加盟自己主队的球员，其转会操作都将在几个小时内完成。巴西世界杯上的新星要登陆欧洲足坛？切尔西和皇家马德里等豪门俱乐部更可能签下他，然而英乙球队格林斯比镇的球迷也会跟着屏息以待。毕竟就连儒尼尼奥[①]这样的金童也曾为米德尔斯堡这样的二流俱乐部打过一百多场比赛嘛。

数据

为了填满无边无际的足球版面，报纸会采取的其中一种策略就是讳莫如深的数据。在深入分析各队表现时，他们会计算各种似乎根本没什么联系的信息，例如比较本方半场的传球成功次数和对方半场的传球成功次数。请务必忽略这些数据。足球世界里没有什么"本方半场传球成功次数更多就更有赢面"的规矩，不信你可以问问阿森纳球迷。

---

① 指儒尼尼奥·保利斯塔（本名小奥斯瓦尔多·吉罗尔多），曾三度效力米德尔斯堡（1995—1997、1999—2000、2002—2004）。

真本色

迷信

为了表现得像真球迷一样理智尽失，你一定要自创一种在比赛日用得上的迷信行为。可以是一套必须执行的固定程序，或者一件必须穿着的衣物——你在主队某一次获胜时碰巧这么做了，害怕不继续这么做就会影响球队的胜率，于是便只能周而复始。

但请小心地选择一个容易复制的迷信行为。说你主队获胜时你穿了某双袜子，或者你那天早餐吃了玉米片而不是脆米花，都要比说你那周正巧装修了客房简单得多。

显然，作为某个与球队毫无瓜葛的人，你的行为绝不可能对球队表现造成影响。你每周去球场路上敲敲同一根灯柱这样的行为肯定不会增加你主队的胜算，但你还是会这么做，因为十二年前你们3∶0大胜那天你这么干了，自那之后从未间断。当然，你也承认，此后他们输过很多场，但要是你没有坚持敲打那根灯柱的话，他们会不会输得更多呢？这就是一个真球迷毫无逻辑可言的不安全感。

不光是球迷，很多球员也是出了名的迷信，例如前曼联球员和英格兰国脚保罗·因斯，他总要等到跑步上场时才穿上球衣（理论上来说这是要吃黄牌的），这也解释了他为什么在女球迷中如此受欢迎。另一位前英格兰国脚巴里·维尼森也有自己的独特迷信："我总是先穿上右脚的球鞋，再穿上右袜。"

用语

有些语句在多年的足球讨论中已经被用成了陈词滥调，所以

要假装懂球帝的话,一定要小心避开这些表达,除非你表明自己是在阴阳怪气:

> 还是熟悉的配方,还是熟悉的味道。
> 一觉醒来,又是一场大胜。
> 我像只病鹦鹉一样懊丧。
> 进个球只要一分钟。①
> 我们被血洗了。(除非你的球队是在利物浦踢客场,那样的话这句话就会成真。)

不过,准备一句压箱底的名言以备聊足球的不时之需还是有必要的,比如考文垂、南安普顿、凯尔特人、米德尔斯堡等俱乐部和苏格兰国家队的前任主帅戈登·斯特拉坎的名句:

> 足球本是个简单的游戏——是球员把它弄复杂了。

---

① 语出布莱恩·克拉夫的"进个球只要一秒钟"(It only takes a second to score a goal),他曾帮助小俱乐部诺丁汉森林连续两年夺得欧洲冠军杯冠军,被认为是英格兰足球历史上最伟大的教练之一。克拉夫魅力十足、性格直率,其言论经常引起争议,故有球迷整理其语录。

任何情况下,都不要在比赛时拍照,这能马上暴露你是最差劲的伪球迷。

现场观赛

穿什么

唯一需要避免的穿衣风格就是过分正式,牛仔和休闲装完全没问题。许多人会穿球迷版球衣,主场和客场球衣都可以。很多球迷会把自己最喜欢的球员的名字印在衣服背后,但由于当代球员换东家比换袜子还勤快,印字球衣会是一笔不明智的投资。

要想得到认可,更巧妙的办法是穿一件上了年头的球衣,最好有个几十年历史,"暗示"你对俱乐部毕生的忠诚。老球衣通常能在球队相应城镇的慈善商店里买到,记得要买小一码的,显得好像这衣服因为洗过太多次已经缩水了(也可能是多年来在赛前、赛中、赛后吃了太多派、灌了太多啤酒,撑得衣服不再合身。)

赛前准备

千万不要太早到场,有经验的假行家会拖到开球以后三分钟才入座。你可能会觉得奇怪,毕竟沉浸在赛场氛围中本也该是观赛体验的重要一部分。但对球场常客来说，沉浸在啤酒中才是更为重要的观赛体验。他们每两周来看一次比赛，对这块场地已经司空见惯。所以，你也要试着融入他们，做出看上去对一切都习以为常的模样。

任何情况下，都不要在比赛时拍照，这能马上暴露你是最差劲的伪球迷。

如果你到得稍微早了点，你要为以下两种景象做好准备：

- 首先是你方队员的热身活动，包括传接球、30码（约23米）外射门入网以及整齐有序的跑动。所有这些在比赛中都不会出现。
- 另外，你还会看到球队吉祥物，也就是由一名失业演员扮演的色彩俗艳的农场动物、丛林动物或想象出来的动物。很多人看到一只两米多高的紫猩猩都会被吓到，假行家可不会。你会融入现场气氛，会心大笑着看主队的吉祥物朝对方球迷摆出侮辱性的手势——或者和对方的吉祥物打起来（再没有比两个扮成鸟的成年男人打成一团更逗的场面）。

热身之后，球员会返回更衣室，准备正式比赛。此时球场氛围才真正热烈起来，等到球员鱼贯而出，主场球迷会大声呐喊，以震慑客队球迷。现场也会播放音乐助兴，譬如，水晶宫的入场音乐是戴夫·克拉克五人组的《无比愉快》(*Glad All Over*)。此曲表达的是他们对胜利的期待——前提是他们有过胜利的话。

此时要遵循的另外一项传统是球迷们将撕碎的门票撒向空中，这就是足球版的礼花。假如主队最近表现特别糟糕，买了季票的球迷还会把下周比赛的球票也一起撕掉。

足球用品

不管你是在哪儿看球，都会看到不同的球衣、球裤和球鞋，这就为你提供了机会，以展示对不同运动品牌和它们名称来历的了解。起码以下品牌之一必然会出现在你观看的比赛中，所以熟悉它们能为你提供相当大的吹嘘资本：

茵宝 许多足球强国和强队的赞助商（曼城就穿着茵宝球衣夺得了 2012 年英超冠军）。品牌名称来自 1924 年创办这家公司的柴郡兄弟哈罗德·汉弗莱斯和华莱士·汉弗莱斯。后者已经跌落至英格兰西北部叫华莱士的名人榜第二位。

阿迪达斯 1948 年由德国人阿迪（阿道夫的昵称）·达斯勒创建。在阿迪达斯之前，他和自己的哥哥兼合伙人鲁道夫不欢而散，两人原本合伙经营一家运动品牌。

彪马 不甘示弱的鲁道夫·达斯勒也成立了自己的公司意图和阿迪达斯竞争。起先，他遵循着把自己姓名头几个字母组合起来的惯例，给公司起名叫"鲁达"[①]，但很快转而在速度型动物中寻

---

① 鲁道夫·达斯勒德文原名为"Rudolf Dassler"，鲁达（Ruda）取自名和姓的首音节。

找灵感，并定下使这一品牌日后扬名的名称①。试想一下，要是这两兄弟当初能联合起来②，他们完全可以征服世界，可不就是他们德国人的民族精神。

耐克　美式英语发音为"耐基"，也是该公司的官方发音，但在英国却总被用来和"自行车"（bike）押韵。耐克是一家美国运动用品公司，名称来自古希腊胜利女神尼刻。他们著名的"钩子"商标诞生于1971年，作者是一位帮耐克创始人菲尔·奈特做兼职的平面设计学生，她当时的酬劳是35美元（不过奈特后来给了她一些公司股份作为额外报酬）。当时，奈特对这一标志的评价是："我现在不喜欢它，但也许以后会慢慢喜欢上吧。"到2012年，他在耐克的控股给他带来了144亿的个人财富，可以想见，他现在一定对"钩子"喜欢多了。

亚瑟士　它的英文名（Asics）是拉丁语格言"健全的精神寓于强健的体魄"（Anima Sana in Corpore Sano）的首字母缩写。然而，受到古典文化影响更多的品牌，却被鲜少具备文化素养的球员们穿着他们雕饰了古希腊和拉丁文化的运动装备跑来跑去。

---

① "Puma"即南美洲原住民的一种语言克丘亚语中的"美洲狮"，汉语译名为"彪马"。
② 阿道夫·达斯勒与鲁道夫·达斯勒兄弟在一九三〇年代加入纳粹党，鲁道夫·达斯勒被认为是更积极的纳粹主义者。据传，1943年，盟军空袭，阿道夫携家人躲入鲁道夫一家所在的防空洞时说了一句"那些死杂种又来了"。尽管阿道夫后来解释"死杂种"指的是盟军军机飞行员，鲁道夫却坚信阿道夫所指是自己一家。后来鲁道夫被美军俘获，鲁道夫深信是阿道夫向美军出卖了自己。

绰号

每个足球俱乐部都至少有一个绰号,通过使用它们,你就能展示你对这项运动的熟悉。提前了解对手的绰号总是错不了的,随即你才能学识渊博地评论道:"这就是'恶汉队'的毛病,毫无战略,全靠把对方球员踢废。"有些绰号就非常直接——"红军""蓝军""红蓝军团""蓝黑军团"("蓝黑军团"通常指的是国际米兰[①]或是某支经常被踢得"蓝一块黑一块"的球队)。另一些绰号则有更有意思的源头:

阿森纳——"枪手"

"枪手"源自俱乐部早年在泰晤士河以南伍尔维奇军火库附近的落脚点。他们的队徽上也有一座火炮,1925年前,炮口朝向右边;1925—2002年之间,改为朝左;2002年以后,又朝向右边。火炮朝向的反复变动正好可以用来在他们守门员扑点球错判方向时讽刺一下。

埃弗顿——"太妃糖"

这是因为俱乐部曾经会雇人在比赛前往看台上抛撒免费的太妃糖。一说球场附近曾有一家太妃糖商店。随你选哪个解释。

布里斯托尔流浪者——"煤气"

布里斯托尔流浪者的老球场依士维尔球场毗邻煤气厂,这个

[①] 国际米兰主场球衣为蓝色与黑色条纹,故称"蓝黑军团"。

昵称原本是他们的同城死敌布里斯托尔城的球迷用来嘲弄他们的，但流浪者的球迷却把它视为荣耀的象征。

沃尔索尔——"马具工"
和当地马具制造业相关联。

诺维奇城——"金丝雀"
球队身着明黄色球衣，大概是这个原因。

伊普斯维奇城——"拖拉机男孩"
其他球队的球迷对该队球迷从业背景多为农业雇工的讽刺调侃。显然，伊普斯维奇城的球迷也饶有兴致地接受了这样的绰号。

西布罗姆维奇——"灯笼裤"
西布罗姆维奇原是当地铸铁厂工人组成的队伍，他们在工厂工作时都会穿着灯笼裤。一说这个昵称源自装门票钱的大袋子。还是随你自己选个解释。

查尔顿竞技——"鳕鱼"
他们的球员曾经很爱吃鳕鱼，还会在赛后分享给对手，以示地主之谊。

巴恩斯利——"野狗"

这显然是约克郡人的绰号①。

西汉姆联——"铁人"

西汉姆联原本是泰晤士钢铁厂的球队,又名"铁锤帮"(这显然和俱乐部的位置毫无关联)。

沃特福德——"大黄蜂"

球队队服是红黄两色。

伯里——"震动者"

在1892年伯里与布莱克本流浪者队的兰开夏杯决赛前,伯里主席J.T.英格汉姆说过:"我们要震撼他们!"他们确实也做到了(以不错的分差获胜),这个外号也就沿袭下来。提到伯里,还有一个小知识可以提,那就是它是英格兰前92支球队中名字最短的(这里指的是"伯里",而不是它的绰号)。

赛中

除了22名球员外,比赛过程中还会有以下人员参与:

---

① "野狗"(tykes)原本是一个极具贬义的词,意思是"粗鲁无礼、缺乏文化和修养的人",英国其他地区的人用这个词来攻击约克郡人。这个词被当地人采用,以抛却其负面含义,使这个词焕发新生命。巴恩斯利位于南约克郡。

裁判

裁判就是场上那位看上去像是官员一样、通常着一身黑衣的人，他在比赛中跑来跑去，随缘吹哨，暂停比赛。

有几样东西是裁判上场时必须随身携带的：手表、笔记本（包括红黄牌）、哨子以及断不相信大家不是为他来看比赛的坚定态度。

边裁

边裁有两人，男的女的都有，他们手拿旗子，沿边线来回跑动，协助裁判做出判罚。这些判罚大多关于是否越位，基本全靠瞎蒙，不过他们也会在其他事情上帮个忙。比如，掷边线球时，边裁会等着看谁来掷球，然后快速将旗子指向相应进攻方向，仿佛他本来知道是谁把球碰出界的一样。

二十世纪九十年代末，足球界的官僚们将边裁更名为"助理裁判"。假行家决不能使用这个荒唐的词，也没有人会用它，就连边裁自己都不用。

第四官员

这位利己主义者负责巡视教练席及附近区域，以免那里有人胆敢质疑裁判或边裁的判罚。他的主要职责是让两位教练和他们的助手做他的"吹风机"（详见"名词解释"），然后带着一副"兄弟，不关我事"的表情耸耸肩。事实上，在第四官员出现于足球比赛场上的短暂历史中，应该没有哪个第四官员真的试图推翻过主裁的判罚。因此，他们唯一的实际作用就是举起电子板示意补时时间，有时还会用电子板示意换人涉及的球员号码。他们很少在这个环节不出点问题。

教练

教练很容易辨认，因为他是球场上唯一一个穿西装的人（除非他的帅位最近受到了威胁，在这种情况下，他会身穿运动服，以示与场上的"伙计们"团结一致）。

典型的主教练会花整场比赛的时间在边线来回踱步，对他的球员大喊大叫，发出暴躁指令，尽管没一个人能在人群的噪声下听到他喊话。就算球员能听到，也没人搞得清他在说什么。这种无可否认却仍然让人感动的无用功为足球的全貌提供了隐喻。

守门员教练

这位教练和守门员没有半毛钱关系，他的工作是坐在主教练身边，向主教练保证他对裁判不公的控诉都是正确的。

球童

球童被安排在球场外缘，负责把出界的球快速扔回给球员。除非接球的是对方球员，那样的话，他们就会一直拖延到主队教练席上示意本队防守已经就位。所有球员都从小接受这样的体育精神教育。

广播员

广播员通常经营着那一片区域里第五好的移动迪斯科,同时拥有相当的麦克风技巧。别指望能听清楚他说的哪怕一个字。

如何表现

有样学样,和周围的球迷一起欢呼、嘲讽、大笑、鼓掌等等。不要担心你弄不明白裁判为什么做出了某个判罚,很多时候他自己也不明白。你只需要和你身旁的人发出一样的声音就行了,要是不确定的话,一边"难以置信",一边摇摇头,这种模棱两可的反应在大多数情况下都很管用。

当某名球员在皮球分明从他腿上弹出而不是从对方腿上弹出界外的情况下还向裁判索要界外球时,千万不要惊讶。这不是不诚信,而是体育精神的又一范例,足球运动中的每个人都参与其中,包括诉求一致的球迷们,只不过他们的声音更大。

当某名球员在皮球分明从他腿上弹出而不是从对方腿上弹出界外的情况下还向裁判索要界外球时,千万不要惊讶。

同样,你要明白球迷都是善变的动物。要是一位状态糟糕、饱受谴责的球员突然打进了制胜一球,他就会立刻变成全世界最棒的球员,接下来直到比赛结束,球迷都会变着花样高歌他的名字。

- 如果你的主队进球了,大声欢呼。
- 如果对手进球了,要表现得震惊又难以置信。

不管哪一方进球,你都有机会观赏到职业球员的庆祝动作。曾经这类动作十分简洁,一通利落有力的握手,然后球员就会回到中圈重新开球。而现在这些动作的编排已经进化到让巴斯比·伯克利[①]都自愧不如。球队会花费数小时在训练场上完善他们的庆祝仪式,却忽略了一个事实,那就是如果他们能花同样的时间练习球技的话,他们可能会有更多进球可庆祝。

助威曲

助威曲会贯穿整场比赛,建议你也加入其中。不必为口吐脏字难为情,一般的理解都不适用于足球场。你慢慢就会学会主队的大部分助威曲,但如果你想提前了解大致的规律,它们通常可以分为以下四类:

唱给主队听的

唱给自己球队听的助威曲一般来说(当然偶有例外)是表示支持的。大多数球队都会有一版"最伟大球队"的助威曲,曲调来自《荒野漫游者》(*The Wild Rover*):

---

① 好莱坞歌舞片时代最伟大的编导之一。

> 这就是斯托克港队,斯托克港队,
> 我们是世界历史上最伟大的队伍。

你觉得荒唐?斯托克港的球迷固然热情,但(在他们清醒时)也不会认为自己的球队会比——打个比方——1970年世界杯上所向披靡的巴西队更强。然而,缺少逻辑判断能力是足球球迷最可爱的特点。

唱给对手听的

如果你的球队快输了,按惯例,你必须要用《关塔纳梅拉》(*Guantanamera*)的曲调朝对方球迷唱:

> 赢球的时候才唱歌,
> 只有赢球的时候你们才能唱歌,
> 赢球的时候才唱歌……

如果你的球队要赢了,常见的助威曲是用《天堂面包》(*Bread of Heaven*)的曲调唱:

> 我们能和你们踢吗?我们能和你们踢吗?
> 我们一周能和你们踢两次吗?

唱给裁判听的

这些曲子通常质疑他的视力、他的教养或者他定期进行性行为时的癖好。

唱成了优秀助威歌的

除了在比赛中加入其他球迷的合唱以外，建议你再从已有的助威曲中选几首你最喜欢的，以应对突然转到这个话题上的酒吧闲聊。

格拉斯哥流浪者的守门员安迪·戈兰被确诊为轻度精神分裂后，对方球迷曾经唱过："两个安迪·戈兰，只有两个安迪·戈兰……"

苏格兰去意大利打比赛时，客场球迷会唱："油炸你们比萨，我们要油炸了你们的比萨。"

曼联球迷以前会随《哦，抬起头》(*Oops, Upside Your Head*)的调子唱："呜——啊——坎通纳……"而在法国人埃里克·坎通纳因骚扰一名水晶宫球迷被禁赛九个月后，利兹联（曼联的死对头之一，也是把坎通纳卖给他们的俱乐部）的球迷用法语唱起了"坎通纳去哪儿啦？"的双语小曲——可得朝他们脱帽向他们的才华致敬。

还有把现存助威曲调个头的传统，布莱顿球迷一开始为他们心爱的前锋鲍比·萨莫拉唱过一首助威曲（借用了迪恩·马丁《那就是爱情》的曲调）："球飞进球门，不是希勒，不是科尔，而是萨莫拉。"等到萨莫拉转会富勒姆，遭遇进球荒以后，球迷（包括富勒姆的主场球迷）都改唱："球落在他头上，飞到第26排，这就是萨莫拉。"

值得注意的技巧

真正定义职业足球的技巧绝不是你所期待的——控球、速度、精准传球、快速转身的能力等等,相反,它们包括:

表演 球员时不时就会假装他们被犯规,以换取任意球或让对手吃牌,表演水平之高甚至能吸引星探来到英超比赛现场挖掘电影新星。可通常球员在表演上的努力还是不够,有以下现象为证:

- 疼痛转移综合征。比如,有对方球员轻轻拍了一下他的肩膀,可他却痛苦地捂着脸倒下。
- 拉撒路效应[①]。球员在裁判判罚己方任意球的瞬间奇迹康复。

杂技 最广受欢迎的一招是"人梯"——站在对方球员身后,按着对方的肩膀纵身起跳,争顶头球。

观察 这一技巧可用于预测守门员开出球门球后球会在何时飞至最高点,保证球员在注意力分散的情况下也能把对位盯防他的对手挤到一边去。

揍你的对手 它有时意味着争夺球权时成功摆脱对手,但常常是有更字面意义上的行为。

---

① 拉撒路,《圣经》人物,被耶稣从坟墓中唤醒复活。

电视转播

就算你能亲自前往心仪比赛的现场,在酒吧大屏幕上看球依然有很多优势。比如,更暖和、更便宜(几品脱啤酒的钱不过是英超平均票价的零头);也不用周六晚上九点一边堵在回家的高速公路上,一边为球队最后关头错过的进球机会而愤恨地捶着仪表盘。但你要注意以下准则:

1. 你若是孤身一人,那在你的主队进球时,不要一跃而起、大声欢呼,这会有冒犯在场对方球迷的风险,他们可能会把你的反应视为故意挑衅。取而代之的是紧紧握住拳头,从牙缝里低吼一声"好球",就好像这是某个希望维系大家脸面的人难以自禁而做出的反应。
2. 你若是和朋友一起看比赛,就要培养自己目不斜视和旁边人说话的能力,因为你的眼睛绝对不能离开比赛画面。这么一来,酒吧里的球迷看上去就像拥挤广场上的卧底警察一样——互相间说着话，却一副旁若无人的样子。
3. 同样，准则 2 也适用于酒吧服务员。你可以用最短的时间和酒吧服务员对视一眼，但之后的互动过程中你的眼睛都不能离开屏幕。付钱和找零时只把手伸出去就好了，让他们的手来找你的手，而不是反过来。在比赛中断的时候再去检查你的找零有没有少。
4. 接受一个现实：一旦你去上厕所，就会有球员打进赛季最佳级别的进球；但如果你憋着不去，这场比赛就永远不会有进球。你永远逃不出这个足球怪圈。

要是这场比赛没有你的主队参与，有以下几条简单的准则帮助你选择支持哪方：

a. 如果比赛一方是曼联，支持另一支球队。
b. 如果是除曼联外的英格兰球队参加欧洲赛事，支持那支英格兰球队。
c. 如果是曼联参加欧洲比赛，不情不愿地支持他们，但还要穿插一下你对"他们的球迷都是萨里郡人"评价的认可。
d. 如果是英格兰队参加的国际赛事，支持英格兰。
e. 如果是没有英格兰队参加的国际赛事，支持哪一方都可以，除了德国队。
f. 如果你在陌生的城市看球，和酒吧里的其他人支持一样的队伍。

哲学家约翰·斯图尔特·密尔曾写道：冲破大众观点、追求个性选择是极为重要的。要是他能在一间坐满谢菲尔德星期三球迷的酒吧里为谢菲尔德联助威的话，你再听他的话吧。

慢动作回放

这是电视转播的足球比赛中的重要部分。他们让电视台导播回放比赛中某个有趣或有争议性的一幕，借此确保你一定会错过其后一名队员紧跟着打进的射门。慢动作回放的其中一种形式是VAR系统，它的应用是为了解决比赛中的争议性瞬间：裁判可以通过耳机与场外人员保持联系，助理裁判会反复重看事件录像，对判罚给出建议。多种系统在不同国家推举并试用，关于此项技术在比赛中应扮演多关键的角色也引发了不同的争论。例如，VAR应该被用在角球或球门球的判断上，还是应该限制在诸如点球这样更重要的判罚上？初级版的VAR在2017—2018赛季的英国足总杯（而非联赛）比赛中初次试用。马上，球迷们就开始高声抱怨它打断了比赛的流畅性，因为裁判在场上一站就是好几分钟，等着场外人员给他答复。但这些抱怨的球迷恰恰也是过去几十年埋怨"电视观众能一眼看出某个进球应该被判无效而裁判却无法看到录像"的人。假行家只会无奈地摇摇头，表示：一言以蔽之，你没法取悦所有球迷。

电视解说嘉宾

现场观赛和酒吧观赛的重要区别在于，在后一种情况下，你可以听到电视解说嘉宾的分析（得要酒吧老板把声音开得够大）。解说嘉宾这种奇妙生物包括多个亚种——职业解说员、退休教练、退役球员、养伤期球员……这个名单无穷无尽，又臭又长。其中一些解说嘉宾，比如BBC的马克·洛伦森（曾在二十世纪八十年代效力利物浦），一门心思抓住每个机会表达他对现代足球的不满。另一些解说嘉宾，特别是那些最近几年还在踢球的（因此挣的钱也多得多），则散发着一种"了不起的盖茨比"式的倦怠，不仅对他们眼前的球赛很倦怠，对他们面前的整个人生也很倦怠。没有什么能为他们的人生注入生气，除了今天是开宾利还是保时捷这样的问题。他们的解说听上去和你期望的一样丧气。

把你的褒奖留给那些特别的解说嘉宾，比如天空体育的加里·内维尔（前英格兰国脚、前曼联队长）、独立电视台的李·迪克森（前英格兰国脚、前阿森纳球员）或者BBC体育台"今日赛事"节目的丹尼·墨菲（前英格兰国脚、前利物浦球员），他们都展示出自己对现代足球的丰富了解和浓厚兴趣，而不会像他们的同龄人一样满嘴陈词滥调。除了这些人之外，可以说解说嘉宾都不是来传达知识而是来娱乐观众的，有时可能是因为他们选择的西装，有时可能是因为他们显然不熟悉的语法结构，还有时可能是因为他们应付不来本该帮助他们分析的科技魔法。这种情况在近几个赛季变得愈加复杂，但最终的结果基本上都是解说嘉宾在屏幕上画出一条条白线来讨论球员和球的运动轨迹。这些白线和

《老爸上战场》[1]片头里的箭头差不多,只是更没有意义。

球员采访

倘若你费老大劲去现场观赛了的话,赛后球员采访是你会错过的又一大乐趣。足球运动员都是由习惯构成的生物,总是一遍遍重复同样的字句,因此假行家务必要熟悉它们。例如:

"比赛有两个半场。" 这意味着上半场的比赛进程和下半场的截然不同。球员不应当因为说了这句话而被嘲笑,在他们的概念里,一场比赛由两个半场构成已经算是高等数学了。

"我们先下手为强。" 我们一开场就向对手展示出赢球的决心。

"我们是来工作的。" 这句话就等于在说"我们是来踢足球的"。

"显然。" 球员一开始只是把这个词当做口头禅,来代替"嗯"和"呃",他们会在对所有人来说完全不显而易见的地方用它。"这个嘛,你知道的,显然中场休息的时候教练在更衣室里告诉我们多往左路喂球。"(这对当时不在更衣室里的人来说怎么就"显然"了呢?)

---

[1] 英国喜剧电影,讲述第二次世界大战期间一位中年银行经理志愿参军的故事。

不要责怪球员们一遍遍老生常谈,这比他们即兴说出的话要好多了:

我们现在取胜无望,除非我们赢得比赛,就能晋级下一轮。(格雷姆·勒索)

关于去意大利踢球:就像在另一个国家生活一样。(伊恩·拉什)

我不想看到鲁尼离开英格兰,但如果他真的要离开的话,我想他会去其他国家。(伊恩·赖特)

如果你站着不动,那你只有一条路可走,就是后撤。(彼得·希尔顿)

足球就是足球,要不是这样的话,那它就不再是现在这项运动了。(加斯·克鲁克斯)

阿森纳领先联赛里其他所有球队好几条街,而曼联正和他们并驾齐驱。(克雷格·贝拉米)

在十人人墙里你至少需要八到九个人。(马克·洛伦森)

那场比赛前,我已经因为生病一周没有参加训练、三周没有跟球队合练,所以并不在状态。半场结束前,我还抽筋了。但我绝不是一个喜欢找借口的人。(克林顿·莫里森)

加里·内维尔曾经是队长,现在莱恩·吉格斯接过了他的壁炉[①]。(里奥·费迪南德)

[①] 此处是费迪南德把"壁炉"(mantelpiece)和"衣钵"(mantle)混淆了。

没有必要**假装**你知道有关足球的一切——没人能做到——但如果你都看到这里了,吸收了这本书里哪怕一点点知识和建议,那你就几乎可以肯定自己已经比这世界上 99% 的人都要了解足球究竟是什么、足球比赛怎么进行、有谁踢球、有谁看球、他们为什么看球。现在,你要如何利用这些知识完全是你自己的事,但我有一条建议:对你新掌握的知识感到自信,试试看这些知识能让你走多远,可最重要的是享受应用它们的乐趣。

如果你和人聊起足球在流行文化史上的重要地位,只要记得一条随时可以用到的名言就行了,那就是利物浦传奇教练比尔·香克利说的:"足球无关生死——它比生死更重要。"

名词解释

阿贾克斯（Ajax）

伟大的欧洲足球俱乐部之一,来自阿姆斯特丹,其荷兰语发音更接近"阿雅克斯",而不是像某个去污粉品牌一样念作"阿贾克斯",更不是像古希腊神话中的勇士一样读作"埃阿斯"。

脚后跟传球（Back-Heel）

能让对手出其不意的精妙传球方法,通常并不能真的碰到脚后跟,而是会直接滚出边线,使你的对手获得一个出其不意的界外球。

倒钩（Bicycle-Kick）

指球员背对球门腾空,用空中的脚完成射门。如果上演这个动作的是职业球员,这个进球通常能斩获"本月最佳进球";如果是在你家附近的公园里,通常会导致这么干的那个人脑震荡或颈椎骨折。

奖金（Bonus）

指如果球员表现出色（赢下某场比赛、取得一定数量的进球等），球队在常规薪水之外发给球员的额外经济奖励。土耳其肚皮舞舞者赛瑟尔·塞尼兹曾提出过另一种相对不那么常规的"奖金"。据说，她曾表示自己愿意和国家队中任何一位攻破联邦德国球门的球员约会。奇怪的是，防守球员对这项提议表现得远没有进攻球员那么积极。

菜地（Cabbage Patch）

指泥泞不平的球场。如果你的主队在菜地上输了球，这场比赛本就不该进行；如果你们赢了球，那么场地状况对双方都是公平的。

跳水（Diving）

前锋在对方禁区进行的戏剧性敏捷表演，只为让裁判误以为他们是被对方疯狂的后卫残忍地放倒了。"天鹅之死"和"奥斯卡级别演出"之类的表达都常被用来描述这一场景，最佳范例是德国前锋于尔根·克林斯曼，他还因为在庆祝动作中加入了跳水动作而被世界观众熟知。（谁说德国人不懂讽刺呢？）

驴（Donkey）

没用的球员。

名词解释

提前洗澡（Early Bath）

用来形容球员因为不当行为在比赛中被罚下场。

假动作（Feint）

通过假装把球踢往一个方向来骗过对方球员，然后再迅速把球踢向另一方向。令人惊讶的是，拿着高额工资的职业球员还是会一周又一周地上当。

二分之一球（Fifty-Fifty Ball）

指两方球员拼抢机会均等的球，这个"学名"又来自两方球员都可能在争抢过程中撞破半个脑袋。

捡皮夹前锋（Goalhanger）

总是游走在对方球门附近，指望不费什么力气就"捡"到进球的前锋，又称"偷袭型前锋"或莱因克尔。

吹风机（Hairdryer）

与表现不佳的球员沟通的有效方法，由前曼联主教练亚历克斯·弗格森发明。其主要形式是凑到该球员近前，用最大的声音吼他，直到你的呼吸烘干他的头发。

黎明前的手提袋（Handbags at Dawn）

形容两队球员剑拔弩张、威胁彼此。这一短语引申自绅士在黎明时分佩枪决斗，有时也简称为"手提袋"。

影子前锋（In the Hole）

主力前锋身后的进攻球员。踢这个位置的一般都是存在感和影子一样微弱的球员。

贴身紧逼（Man-Marking）

指在全场比赛中始终贴身盯防对方一名球员的防守策略，通常包括在他耳边低声赞美他妻子做的早餐好吃。

穿裆（Nutmeg）

将球从对方两腿之间踢过，被视作终极羞辱。如果你非要踢一场公园足球赛，千万不要穿任何人的裆；要是一不小心穿了人家的裆，赶紧给自己叫好救护车。

自由转会（On a Free）

球员在与老东家合同到期后，在没有合约束缚的情况下转会到新东家，新东家不需要支付转会费。除此之外，现代足球没有什么是不需要付费的，至少对球迷来说是这样。

名词解释

撞墙配合（One-Two）

接到队友传球后，立刻将球再传回到该队友新的跑位位置上。如果足球运动员能数到二以上的话，他们应该还能做出更复杂的传接配合。

点（Pen）

点球有时也会简称为"点"，这是职业球员唯一能抓住的重"点"。

泡菜（Pickles）

1966年世界杯前夕，一只名叫"泡菜"的狗在一处树篱下找到了失窃的雷米特杯。作为对它的奖励，英格兰队的庆功晚宴后，它获准来把盘子舔干净。从此之后，英格兰队的世界杯相关活动都会和"狗的晚餐"挂钩。

阅读比赛（Reading the Game）

预测其他球员的下一步动作来占得先机。对很多球员来说，这是除推特以外，他们唯一阅读的东西。

轮换（Rotation System）

通过这一策略，主教练每周都会因为替补名单而惹恼不同的球员。

像病鹦鹉一样懊丧（Sick as a Parrot）

历史悠久的足球用语，形容不怎么高昂的精神状态，词源不详。

全攻全守（Total Football）

二十世纪七十年代伟大的荷兰队首创的足球体系，抛弃了传统队形，取而代之的是球队的全场优势。不要把它和完全是另一回事的英格兰体系混淆。

三周翻（Triple Somersault）

对方防守球员在禁区中轻轻一推进攻球员后，该进攻球员会做出的表演。

立柱（Upright）

球门柱的别称，现代足球中再没有什么东西如此"正直"了。

译名对照表

球员和教练们

A

阿尔弗·拉姆塞（Alf Ramsey）

阿尔塞内·温格（Arsène Wenger）

阿夫拉姆·格兰特（Avram Grant）

阿兰·鲍尔（Alan Ball）

埃里克·坎通纳（Eric Cantona）

安德烈·维拉斯-博阿斯（André Villas-Boas）

安迪·戈兰（Andy Goram）

奥斯瓦尔多·"奥西"·阿迪列斯（Osvaldo "Ossie" Ardiles）

B

巴里·维尼森（Barry Venison）

保罗·加斯科因（Paul Gascoigne）

保罗·马尔蒂尼（Paolo Maldini）

保罗·因斯（Paul Ince）

鲍比·摩尔（Bobby Moore）

鲍比·萨莫拉（Bobby Zamora）

鲍比·斯托克斯（Bobby Stokes）

鲍勃·佩斯利（Bob Paisley）

鲍勃·斯托克（Bob Stokoe）

贝利（Pelé）

 埃德森·阿兰特斯·多纳西门托（Edson Arantes do Nascimento）

比尔·尼科尔森（Bill Nicholson）

比尔·香克利（Bill Shankly）

彼得·波内迪（Peter Bonetti）

彼得·墨菲（Peter Murphy）

彼得·希尔顿（Peter Shilton）

博比·查尔顿（Bobby Charlton）

博特·特劳特曼（Bert Trautmann）

布拉德·弗里德尔（Brad Friedel）

布莱恩·克拉夫（Brian Clough）

布莱恩·罗布森（Bryan Robson）

D

大卫·艾克（David Icke）

大卫·巴蒂（David Batty）

大卫·贝克汉姆（David Beckham）

大卫·吉诺拉（David Ginola）

大卫·普拉特（David Platt）

戴夫·比森特（Dave Beasant）

丹尼·墨菲（Danny Murphy）

丹尼斯·博格坎普（Dennis Bergkamp）

蒂埃里·亨利（Thierry Henry）

蒂姆·霍华德（Tim Howard）

迭戈·马拉多纳（Diego Maradona）

F

法比奥·卡纳瓦罗（Fabio Cannavaro）

法比奥·卡佩罗（Fabio Capello）

费尔南多·托雷斯（Fernando Torres）

弗兰克·兰帕德（Frank Lampard）

弗朗茨·贝肯鲍尔（Franz Beckenbauer）

G

戈登·斯特拉坎（Gordon Strachan）

格雷厄姆·泰勒（Graham Taylor）

格雷姆·勒索（Graeme Le Saux）

格雷姆·索内斯（Graeme Souness）

格伦·霍德尔（Glenn Hoddle）

H

哈坎·苏库尔（Hakan Şükür）

哈维（Xavi）

J

吉安卢卡·维亚利（Gianluca Vialli）

加雷斯·贝尔（Gareth Bale）

加雷斯·索斯盖特（Gareth Southgate）

加里·莱因克尔（Gary Lineker）

加里·马布特（Gary Mabbutt）

加里·内维尔（Gary Neville）

加斯·克鲁克斯（Garth Crooks）

杰夫·阿斯托（Jeff Astle）

杰夫·赫斯特（Geoff Hurst）

杰克·米尔伯恩（Jackie Milburn）

K

凯文·基冈（Kevin Keegan）

克劳迪奥·拉涅利（Claudio Ranieri）

克雷格·贝拉米（Craig Bellamy）

克里斯·沃德尔（Chris Waddle）

克里斯蒂亚诺·罗纳尔多·多斯桑托斯·阿维罗（Cristiano Ronaldo dos Santos Aveiro）

克林顿·莫里森（Clinton Morrison）

克林特·邓普西（Clint Dempsey）

肯尼·达格利什（Kenny Dalglish）

L

拉法·贝尼特斯（Rafa Benítez）

莱昂德罗·库弗雷（Leandro Cufré）

莱恩·吉格斯（Ryan Giggs）

李·鲍耶（Lee Bowyer）

李·迪克森（Lee Dixon）

里奥·费迪南德（Rio Ferdinand）

里奇·维亚（Ricky Villa）

里维利诺（Rivellino）

利昂内尔·梅西（Lionel Messi）

鲁德·古利特（Ruud Gullit）

路易斯·费利佩·斯科拉里（Luiz Felipe Scolari）

路易斯·苏亚雷斯（Luis Suárez）

罗比·萨维奇（Robbie Savage）

罗伯特·卡洛斯（Roberto Carlos）

罗伯托·迪马特奥（Roberto Di Matteo）

罗纳德·科曼（Ronald Koeman）

罗纳尔多（Ronaldo）

罗伊·霍奇森（Roy Hodgson）

罗伊·基恩（Roy Keane）

洛塔尔·马特乌斯（Lothar Matthäus）

M

马尔科·范巴斯滕（Marco van Basten）

马克·洛伦森（Mark Lawrenson）

马克斯·哈曼（Marcus Hahnemann）

马赛尔·德塞利（Marcel Desailly）

马特·巴斯比（Matt Busby）

迈克尔·欧文（Michael Owen）

米夏埃尔·巴拉克（Michael Ballack）

N

内马尔·达席尔瓦·桑托斯·儒尼奥尔（Neymar da Silva Santos Júnior）

Q

齐内丁·齐达内（Zinedine Zidane）

译名对照表

乔治·贝斯特（George Best）

R

热尔松（Gérson）

热拉尔·霍利尔（Gérard Houllier）

儒尼尼奥（Juninho）

若泽·穆里尼奥（José Mourinho）

S

史蒂夫·奥格里佐维奇（Steve Ogrizovic）

史蒂文·杰拉德（Steven Gerrard）

斯坦·莫滕森（Stan Mortensen）

斯坦利·马修斯（Stanley Matthews）

斯图尔特·皮尔斯（Stuart Pearce）

斯文-戈兰·埃里克松（Sven-Göran Eriksson）

T

特雷弗·威马克（Trevor Whymark）

W

瓦茨拉夫·马塞克（Václav Mašek）

韦恩·鲁尼（Wayne Rooney）

维尼·琼斯（Vinnie Jones）

沃尔夫冈·韦伯(Wolfgang Weber)

X

席尔瓦(Silva)

Y

雅伊济尼奥(Jairzinho)
亚历克斯·弗格森(Alex Ferguson)
伊恩·波特菲尔德(Ian Porterfield)
伊恩·拉什(Ian Rush)
伊恩·赖特(Ian Wright)
伊曼纽尔·佩蒂(Emmanuel Petit)
伊涅斯塔(Iniesta)
于尔根·克林斯曼(Jürgen Klinsmann)
约翰·阿尔德里奇(John Aldridge)
约翰·克鲁伊夫(Johan Cruyff)
约翰·特雷维克(John Trewick)
约翰·特里(John Terry)
约翰尼·吉尔斯(Johnny Giles)

俱乐部

A

阿贾克斯(Ajax)

阿森纳(Arsenal)

阿斯顿维拉(Aston Villa)

埃弗顿(Everton)

B

巴恩斯利(Barnsley)

巴黎圣日耳曼(Paris Saint-Germain)

巴塞罗那(Barcelona)

伯里(Bury)

伯明翰城(Birmingham City)

博尔顿流浪者(Bolton Wanderers)

布莱顿(Brighton & Hove Albion)

布莱克本流浪者(Blackburn Rovers)

布莱克浦(Blackpool)

布里斯托尔城(Bristol City)

布里斯托尔流浪者(Bristol Rovers)

C

查尔顿竞技(Charlton Athletic)

D

　　德比郡（Derby County）

G

　　格拉斯哥流浪者（Glasgow Rangers）

　　格林斯比镇（Grimsby Town）

　　国际米兰（Inter Milan）

H

　　皇家马德里（Real Madrid）

K

　　凯尔特人（Celtic）

　　考文垂（Coventry City）

　　克鲁（Crewe Alexandra）

L

　　莱斯特城（Leicester City）

　　利物浦（Liverpool）

　　利兹联（Leeds United）

　　洛杉矶银河（LA Galaxy）

M

曼彻斯特城（Manchester City）

　曼城（Man City）

曼彻斯特联（Manchester United）

　曼联（Man Utd）

米德尔斯堡（Middlesbrough）

米尔沃尔（Millwall）

N

南安普顿（Southampton）

纽卡斯尔联（Newcastle United）

纽约宇宙（New York Cosmos）

诺丁汉森林（Nottingham Forest）

诺维奇城（Norwich City）

女王公园巡游者（Queens Park Rangers）

Q

切尔西（Chelsea）

S

桑德兰（Sunderland）

圣海伦镇（St Helens Town）

水晶宫（Crystal Palace）

斯肯索普联（Scunthorpe United）

斯托克城（Stoke City）

斯托克港镇（Stockport County）

T

托特纳姆热刺（Tottenham Hotspur）

 热刺（Spurs）

W

温布尔顿（Wimbledon）

沃尔索尔（Walsall）

沃特福德（Watford）

X

西布罗姆维奇（West Bromwich Albion）

西汉姆联（West Ham United）

希尔福德联（Hereford United）

谢菲尔德联（Sheffield United）

谢菲尔德星期三（Sheffield Wednesday）

Y

伊普斯维奇城（Ipswich Town）

尤文图斯（Juventus）